マダム花子

Madame HANAKO

根岸理子

negishi Takako

論創社

はじめに

「マダム花子」という呼び名に聞き覚えはおありだろうか。彫刻家ロダンのモデルとなった人であり、森鷗外の小説『花子』のヒロイン（のモデル）でもあると説明すれば、思い当たる方もいらっしゃるかもしれない。

花子は、二〇世紀初頭に海外の興行師やエージェンシー（日本でいうタレント事務所）と契約して欧米の国々を巡演して回り、大変な人気を誇った日本女優で、グローバルに活躍するアーティストの草分けともいえる存在である。

その舞台は、ロダンのみならず、各国の劇評家や芸術家の注目を集め、ロシアで公演した際には、モスクワ芸術座の演出家・俳優であるスタニスラフスキーに依頼されて、スタジオで日本の演技のデモンストレーションをしている。

そのようなわけで、欧米の（日本）演劇研究者の間で、彼女のことはよく知られており、花子や、彼女より先に国際舞台で名を成した川上音二郎・貞奴《さだやっこ》一座の舞台が、西洋の演劇改革者に強いインパクトを与えたのも、久しく認められていることなのである(1)。

当然、日本でも知られていておかしくないはずであるのに、母国において女優としての花子の知名度が低いのは、彼女がもと芸者であり、海外で女優としてデビューし人気を博したものの、帰国後は舞台に立たなかったことに、主として起因していると思われる。彼女が注目されるきっかけとなった、舞台での「ハラキリ」の演技も、日本での評判に影響を及ぼしたかもしれない。

いずれにせよ、二〇年近くに及ぶ海外での生活を切り上げ、岐阜で静かに暮らしていた晩年の花子のもとを訪れたのは、彼女と巨匠ロダンとの関わりに興味を覚えた人ばかりで、花子は、彼のモデルとしての経験についてインタビューに答えることがあっても、欧米での女優としての活動については、家人にさえ多くを語らなかったという。

海外での華々しい活躍と、母国でのひそやかな生活。こうしたギャップも、非常に興味深い事例として彼女の存在を浮かび上がらせる。

花子が海外に飛び出したのは、日本でまだ女優の必要性が議論されていたような時期で、日本側の多くは、「芸者あがりの何が女優だ。何がアーティストだ。見せられるものなどあるものか」という皮肉な目で彼女の成功を眺めていた。恐らく、花子もそのことを分かっており、日本では沈黙に徹したのであろう。

しかし、このまま歴史に埋もれさせておくには、あまりに惜しい人物であり、その力強い生き様には、教えられることが多い。彼女の人生における共演者——何らかの形で花子やその舞台に触れることになった人物——には、先に挙げたロダンや鷗外、スタニスラフスキーに加え、ロイ・フラー、エヴレイノフ、メイエルホリド、ゴードン・クレイグ、チャールズ・コクラン、ヤコブ・トーマス・グライン、小山内《おさない》薫、島崎藤村、生田葵山《きざん》、千葉秀圃《しゅうほ》、武林《たけばやし》無想庵《むそうあん》など、多彩なメンバーがそろっているのだが、花子がこうした人々と関わることになったのは、不遇な時期にも決して自暴自棄にならなかったからである。チャンスをつかみ取り、たくましく道を切り開いて成功していく彼女の姿は、人生を投げないことの大切さを示してくれているように思う。

本書においては、そうした花子の人生や女優としての活動を紹介するだけでなく、彼女が諸国で見聞きしたことや、経験したこと——差別的なものも含めて——についても触れるように心がけた。

花子の親族である澤田助太郎氏は「花子の生涯を思う毎に、勇気と励ましを得ることが出来、このような身内を持ったことを、限りなく幸運に思っています」と語られている（本書結び「花子の縁者・澤田助太郎ご夫妻書面インタビュー」参照のこと）。

自らの人生を全力で生ききった、「マダム花子」という女性の全貌をお伝えできればと願うばかりである。

「マダム花子」——目次

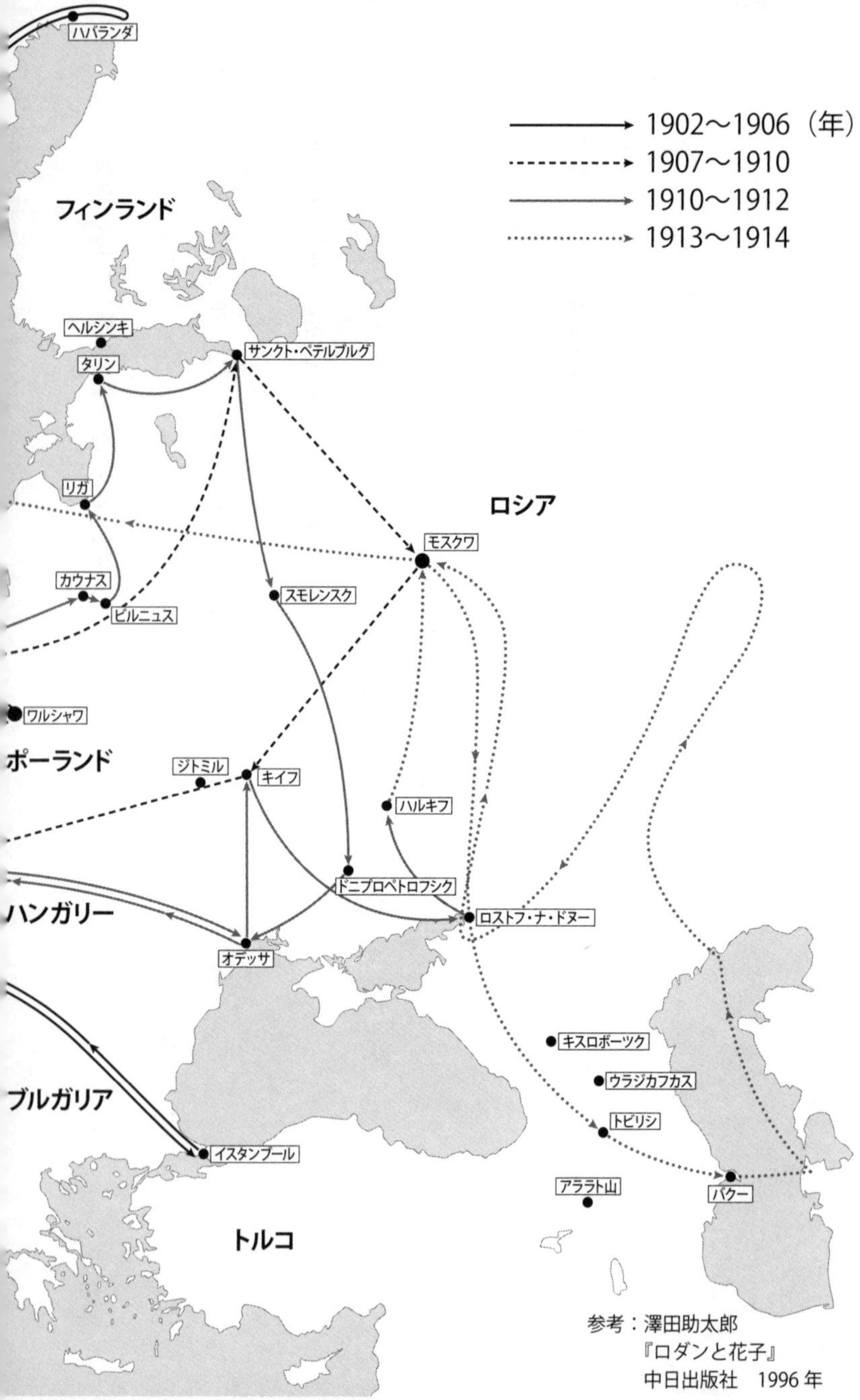

参考：澤田助太郎
『ロダンと花子』
中日出版社　1996 年

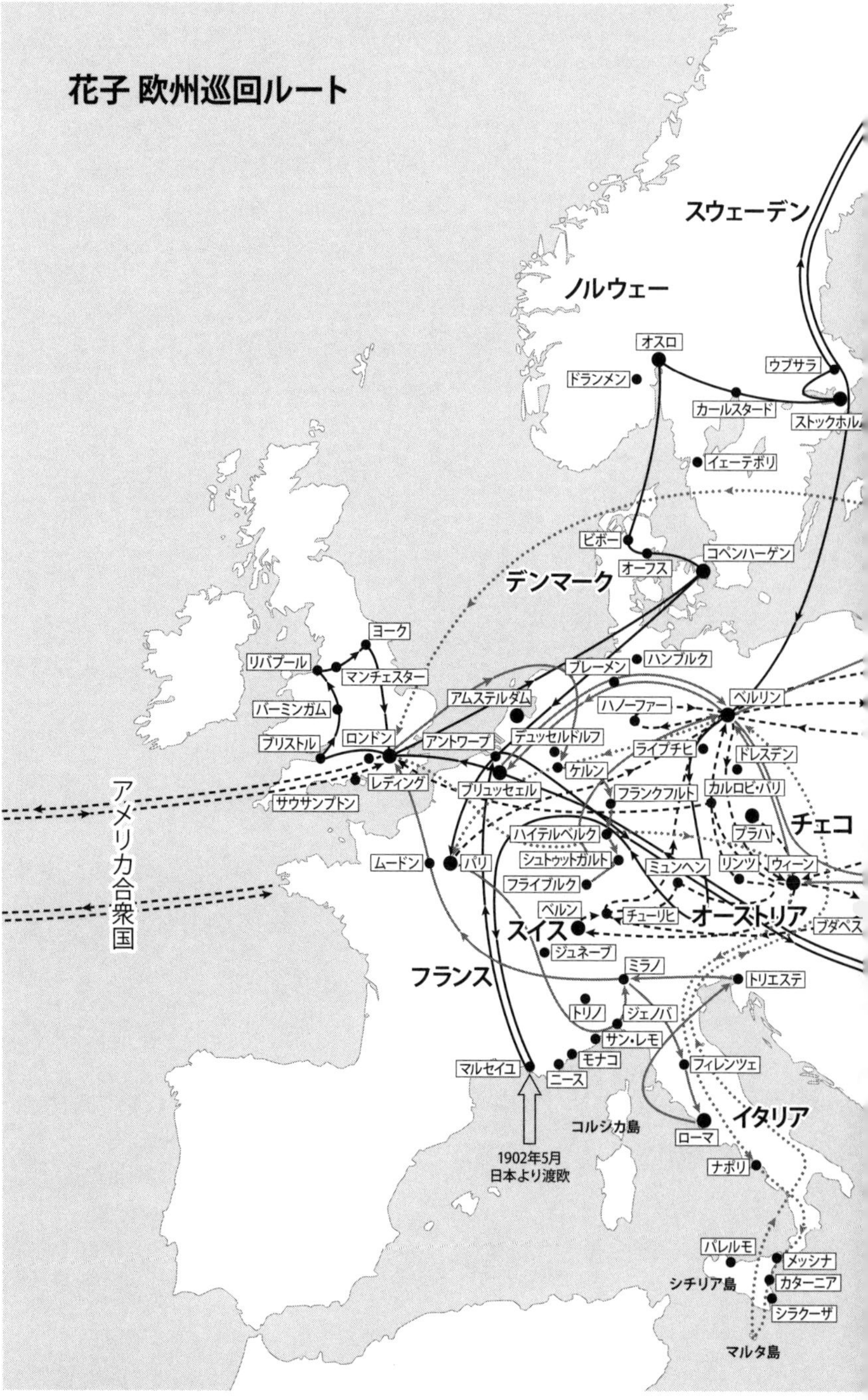
花子 欧州巡回ルート
スウェーデン
ノルウェー
オスロ
ドランメン
ウプサラ
カールスタード
ストックホルム
イェーテボリ
ビボー
オーフス
コペンハーゲン
デンマーク
ヨーク
リバプール
マンチェスター
バーミンガム
ブリストル
ロンドン
レディング
サウサンプトン
アメリカ合衆国
ハンブルク
ブレーメン
アムステルダム
ハノーファー
ベルリン
アントワープ
デュッセルドルフ
ライプチヒ
ドレスデン
ケルン
ブリュッセル
フランクフルト
カルロビ・バリ
プラハ
チェコ
ハイデルベルク
シュトゥットガルト
ミュンヘン
リンツ
ウィーン
ムードン
パリ
フライブルク
ベルン
チューリヒ
オーストリア
ブダペスト
スイス
ジュネーブ
フランス
ミラノ
トリエステ
トリノ
ジェノバ
サン・レモ
モナコ
ニース
マルセイユ
フィレンツェ
ローマ
イタリア
コルシカ島
1902年5月
日本より渡欧
ナポリ
パレルモ
メッシナ
シチリア島
カターニア
シラクーザ
マルタ島

第一章　花子の生い立ち　一八六八―一九〇二年

見送りもない旅立ち

その日、花子は身じろぎもせず船の甲板に立ち、遠ざかっていく母国の地を見つめていた。心の中では何度も同じ誓いの言葉を繰り返していた。きっと成功してみせる。それまでは決して日本には戻らない、と。

実際、彼女には帰ることのできる家などないのであった。

花子こと太田ひさ（以下、本書ではすべて花子と表記する）は、一八六八年四月一五日、愛知県中島郡上祖父江村（現、一宮市上祖父江）に、裕福な農家であった太田八右衛門・うめ夫妻の長女として誕生している。総領娘として大事に育てられ、成長した暁には、家

花子 海外より日本の家族に送られた写真 岐阜県図書館所蔵

柄の釣り合った男性と結ばれて、日本どころか故郷さえ離れることなく、平穏に生涯を終えても不思議ではない生まれである。

その彼女がなぜ、まるで国を追われるかのように外国へと旅立つことになったのか。

すべては、幼い彼女が祖父の判断で親元から離され、乳母と一緒に名古屋で暮らすことになったことから始まった。その理由は定かではないが、実の父と乳母との間にあらぬ噂が立ったためだともいわれている(1)。

名古屋では隣家の八百屋の夫婦に可愛がられるようになり、花子自身も彼らに懐いて、ついにはその養女となったことが、彼女の人生の方向を決定付けた。

最初の数年はむしろ恵まれていた方であったといえる。実父が芸事好きだった影響もあって、五歳からは日本舞踊(恐らくは西川流(2))、のちには三味線も習うようになった。花子も進んで稽古に通ったようである。そのようにして八歳までは穏やかに過ごしたものの、もともと相撲好きだった養父が、名古屋に相撲がかかる度に、力士を自宅に寝泊りさせて

花子（*Bystander,* 1908 年 7 月 29 日）
ニューヨーク公共図書館所蔵

酒盛りをしたり、化粧回しを贈ったりと、派手の限りを尽くして借金の山を作ったあげく、姿を消してしまう。後に残された養母は呆然とするばかりであった。

困窮した養母は、近所に住んでいた女芝居の一座に子役として花子を貸し出すことにした。まだ近代風の「女優」が日本には存在していなかった時代のことで、「女役者」たちは、立役から女方まで、すべて女性のみで歌舞伎を演じ、地方を回っていたのである。すでに諸芸を身につけていた花子は、こうした一座の子役としてうってつけで、大いに重宝され、以後、旅から旅への辛い日々を送ることになるのである。それからかれこれ四〇年ほど経った一九一六年、すでに欧米では、おしもおされぬ有名女優となっていた花子は、日本に一時帰国した折、当時の心境を以下のように語っている。

小さな私が美濃路、信濃路、其れから木曽川の縁の町々をうつて、飛騨の険《け》はしい山路を穿《は》き馴れぬ後懸《あとが》けの草履の紐を結んで、うそ寒い時雨日を手を曳《ひ》かれて昇つた時の小児心（こどもごころ）の悲哀《かなし》さを今でも判明《はつきり》と胸に覚えて居ます。(3)

これが、生涯を通して花子の脳裡に何度も繰り返し立ち現れた、哀しい原風景であったのだろう。家庭のぬくもりをかけらも味わうことなく、ひたすら働き続けた少女時代だったのである。だがこの経験により、海外での二〇年近くにわたる旅巡業を耐え抜くことのできる、体力と精神力が培われたといえるのかもしれない。また、芸事が好きであった花子にとって、このいわゆる「ドサ回り」の日々は、まだしもマシであったともいえるのである。

彼女がもはや子役を演じられない年齢に達すると、養母は容赦なく彼女を置屋に売ったのであった。花子が一五歳の時のことである。(4) この時、もともとは

花子の家族写真　前列左より花子、母うめ、妹たね、さく　後列左より弟角次郎、銕太郎、妹たかを、はま　岐阜県図書館所蔵

裕福であった花子の実家も不幸が続き、娘を助けたくとも、どうにもならない状況であった。また、花子の後には、弟妹が次々に誕生しており、その子たちの世話で両親は手一杯であった。この時の花子には、もはや選択の余地はなかったのである。

二〇歳上の男性に身請けされる

芸者になることは、花子の本意ではなかったが、子供の頃から芸事に親しみ、子役まで経験していたことが、芸者への転身を容易にさせてしまったともいえる。実際、当時は、女役者から芸者になる者も多かったのである。[5]（女）役者と芸者の訓練には共通するものが多い。そして、花子がその両方の経験者であったことが、海外で生きてくるのである。

最初は「芸者にだけはなりたくない」と抵抗した花子であったが、良い姉弟子にも恵まれ、やがてこれも運命と受け入れて仕事に励むようになった。恋も経験し、ある男性を想い想われたが、一緒になることはかなわず、やがて、二〇歳も年の離れた土木・建築請負師の男性（以下、花子自身の呼び方にならい、仮称・小泉とする）に身請けされる。小泉は、花子を大事にしてくれたが、彼との生活に、花子はどうしても馴染むことができなかった。

「私の一生はもうこのままで終わるのか。二〇歳も年の違う人を夫にして、愛もないのにこのまま生を過ごしてしまうのか。この人は金で私の身体を身請けはしたが、心を身請けしてくれない。私はもの足りない。生き足りない」という思いが日々湧き上がってきたのである。(6)

いわゆる恋愛結婚など、ほぼ有り得なかった時代のことである。花子と同じような思いを胸に抱えながら、そのまま黙って一生を終えた女性は多かったことであろう。「結婚とはこうしたものなのだ」と、自らに言い聞かせながら生きていった女性が、ほとんどであったのではないか。

花子が非凡な女性であったのは確かだが、それでも、一〇年以上は、この小泉と連れ添い、請負師という職業柄、各地を転々と移動する彼と行動を共にしたのである。小泉という男性は、容貌こそ花子の好みではなかったようだが、彼女を大切にしてくれたようである。問題は、彼自身よりも、その連れ子たちとの関係にあったのではないか。三男は手癖が悪く、次男は花子の言うことを全く聞かない。一番の悩みの種は、年もほとんど変わらない長男で、時々ゾッとするような目で彼女を見つめるのである。こうした悩みを訴えても、万事大様《おおよう》な小泉は真剣に取り合ってくれなかった。ただし、彼は度量の大きい男性だったようで、花子がヤケを起こして田舎回りの役者と駆け落ちした時も、二人が作った借金を黙って支払ってくれたという。

小泉との別れ

小泉に感謝しながらも、先妻の子供たちとの諍いに耐えられなくなってしまった花子は、その頃は名古屋に転居していた実の両親を頼ることにした。この時、花子は小泉の仕事の都合で京都に住んでいたのだが、一度別居した上で別れ話を進めようと考えたのである。しかし、小泉は容易に聞き入れず、仲裁役として、知り合いの京都の質屋の若旦那を花子のもとに差し向けた。

ところが、事態は好転しないどころか、こともあろうに、その仲裁役の若旦那を花子は好きになってしまったのである。生きている甲斐がないと思っていた人生に、やっと光が差したかのような救われた気持ちであり、これは一生に一度の恋だと、花子の想いは強くなるばかりであった。そして、ついに彼女は、殺されようと、刃物で突かれようと、首を絞められようと構わないと、大胆にも小泉に自分のありのままの気持ちを告げたのであった。夫への絶対服従が当たり前であった時代、それが、今では考えられないほど勇気を要する行為であったことは、言うまでもない。

その言葉を受けた小泉は、花子の予想に反して、彼女をじっと見つめ「それほどお前は思い詰めているのか。私が悪かった。お前を全く自分のものにしてしまうのには、あまりに私は年をとり過ぎている。私が悪かった」と涙をこぼし、花子と質屋の若旦那がその土地を離れることを条件に、二人が一緒になることを許してくれたのである。これには花子も驚き、それまで世話になった恩を思って、彼と差し向かいで涙を流したのであった。

花子の実の両親は、あまりにも小泉にすまないということで、離婚して実家に戻っていた花子の従姉を後添いとして小泉のもとに送っている。花子は海外で女優として成功し、日本に一時帰国した一九一六年、まだ壮健であった小泉夫妻に会っている。小泉という男性が心の広い人であったからこそ、花子は彼らのもとを訪れることができたのであろう。

芸者としてヨーロッパへ

恩義ある小泉のもとを離れ、生涯に一度と信じた恋を貫き通そうとした花子であったが、その幸せは長く続かなかった。希望に燃えて横浜に出たものの、お坊ちゃん育ちの若旦那は仕事を見つけることができず、二人は宿屋の一室に閉じこもって、所持金で食いつなぐことになってしまう。そんな日々に怖気づいてしまったのか、若旦那は、ある日、すぐ戻ってくるからと言って一人で京都の実家へ向かい、花子のもとには二度と帰らなかったのである。

しばらく宿屋で若旦那を待ち続けた花子も、やがて、彼はもう戻ることはないのだと認めなければならなかった。小泉との件で怒らせてしまった実家には、もはや頼ることはできない。追い詰められた花子が耳にしたのが、外国人の貿易商が、コペンハーゲンで開かれる小さな博覧会(7)で、日本の音楽や踊りを披露できる女性を五名ほど募集しているという話だった。花子は飛びつくような思いでこれに応募し、無事に採用されたのである。

選ばれた五名(8)のうち、最終的に渡航の許可を得られたのは、自分を含めて三名だけだったと花子は語っているが(9)、それは事実のようである。倉田喜弘(10)や資延勲《すけのぶ》(11)による調査から、それまで不明であった花子が渡航するまでの経緯が明らかにされたのだが、外務省外交史料館所蔵の『海外渡航関係雑件』第四巻には「明治三十五年五月 丁抹(デンマーク)国人ゼエー、ウイルガアードなる者本邦技芸者雇入れ同国へ渡航に関する件」という項目があり、神奈川県知事が外務省通商局長に宛てた文書二通および関係書類二通と別紙が収められている。それらの資料によると、花子たちが渡航の許可、すなわち、外国旅券を得るのは容易ではなかったことが分かる。

明治三五（一九〇二）年五月一四日付の最初の文書は、デンマーク領事からコペンハーゲンの動物園内での興行に携わる日本人技芸者に旅券を下付してやって欲しい旨催促をされたが、渡航者の経歴や素行の調査などに時間を要していると、神奈川県知事が外務省通商局長に説明しているものである。

その関係書類として、デンマーク領事が知事に宛てた、（デンマーク人の貿易商）ゼエー・ウイルガアードと彼が自国に連れて行く日本人技芸者の渡航準備は整っているので、一刻も早く彼らに旅券を下付してやって欲しい、という内容の文書が続く。文書が一九〇二年四月二一日と二九日、二度にわたって提出されているのは、旅券がなかなか与えられなかったからであろう。

明治三五年六月四日付の最後の一通と別紙は、神奈川県知事から外務省通商局長への報告で、最終的に一五の旅券が下付され、男性一三名と女性八名の計二一名（六名は旅券が下付された者の家族）が、一九〇二年五月三一日に出航した旨、説明されている。出国者二一名の名簿が別紙として付けられており、その肩書は、芸人、撃剣士、絵師、彫刻師、手品師、相撲業、扇製造業、竹細工業、縫箔業、鵜遣師などで、花子（太田ヒサと記載されている）は、大貫ハマおよび内田コトという二名の女性と共に「芸妓」「芸人」と記されている。

つまり、花子の言うように、「日本の音楽や踊りを披露できる」者としては、最終的に三名の女性に旅券が与えられたのである。同じく外交史料館所蔵の「外国旅券下付表（神奈川県、明治三五年四月〜六月）」には、確かに花子（同じく太田ヒサと記載されている）他二〇名の名が見られる。花子には、一九〇二年五月一五日付で旅券が下付されており、旅行地名は丁抹（デンマーク）、旅行目的——どのような名目で彼の地に赴くのか——は、「技芸者」とされている。

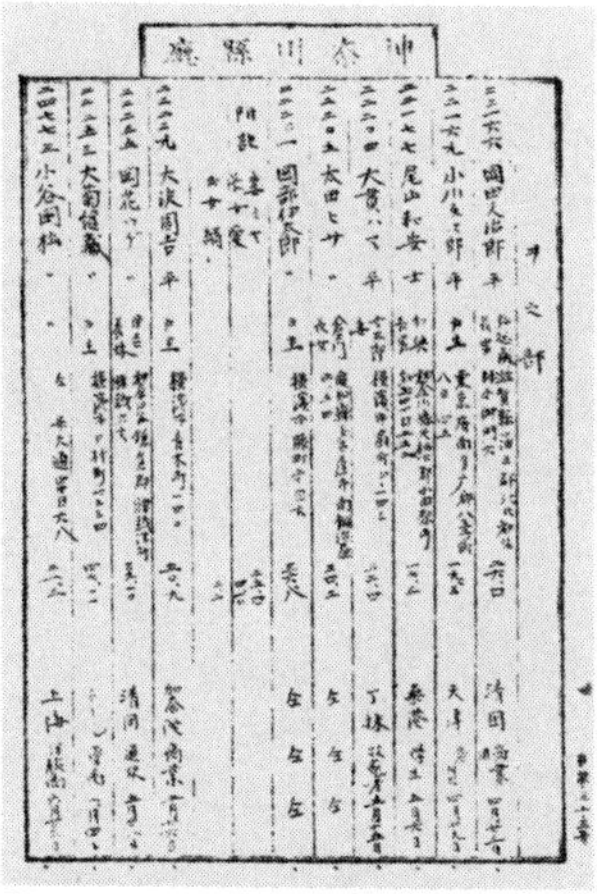
「外国旅券下付表（神奈川県、明治三五年四月〜六月）」マイクロフィルム 旅券28　外務省外交史料館所蔵

こうして花子は、どうにか渡航を許可され、様子も分からぬ海外に出稼ぎに行くことになったのであった。その原因となった若旦那は、花子にとって恨んでも恨みきれ

ない人であっただろうが、後年、花子はこの一見すると不幸な縁について、以下のように語っている。

此の質屋の若旦那が居られなかつたなら、私は欧羅巴の天地も知らねば世界の潤《ひろ》いことも、事業は足の到る所に心懸《こころが》け一つで立派に組立てられて、富を得らるれば、名誉も得らるゝやうになると云ふことも知らずに、暗い、寂しい、日本の女の萎《ゐぢ》縮けた心で、世を果敢《はかな》み〳〵ながらも日本の田舎の何処（どこか）で三味弾く女に終つて居たかも知れません。(12)

これは、あくまでも、花子が海外で女優として成功することができたからこそ言えた言葉で、横浜の宿屋で若旦那の帰りを待ち続けた日々は、地獄のようなものであっただろう。芸者稼業から足を洗わせてくれた小泉を捨て、若旦那と生きる道を選んだ花子である。もう帰る場所はどこにもなかった。

港に停泊している汽船を眺めては、「いっそあれに乗って海を渡り、自分のことを知る者のない異国で、新たに生き直してみたい」と、思い描いていたのではなかったか。図らずも住むことになった横浜という土地が、花子を海外へと導いたことは確かであろう。技芸者の募集は、まさに渡りに船の話だったのである。

渡欧前、花子はいちるの望みを託し、せめて、遠く旅立つ自分を見送って欲しいと若旦那に手紙を書き送った。しかし、彼はついに最後まで姿を見せなかった。そこで花子は、もう後は振り返るまい、海の向こうできっと成功してみせると強く誓うのである。

一九〇二年初夏、花子三四歳の新規まき直しの旅立ちであった。今と違い、平均寿命が五〇に及ばぬ時代の三四歳である。並々ならぬ覚悟を持っての渡欧であったことは間違いない。

第二章　「マダム花子」の誕生　一九〇二―一九〇六年

異国に一人残る

花子も含めたコペンハーゲンの小博覧会に参加する日本人一行は、横浜港からドイツ郵船プロイセン号に乗船し[1]、西廻りルートで、神戸、上海、香港、シンガポール、ポート・サイド（エジプト北東部、地中海沿岸にある都市）などに寄港しながら、フランスのマルセイユを目指した。マルセイユからコペンハーゲンまでは汽車での移動である。現在なら飛行機の直行便では、飛行時間は一二時間ほど、という距離のコペンハーゲンに行き着くまでには、恐らく二ヵ月近くを要したことだろう。

初等教育も満足に受けることのできなかった花子は、海外に関する知識はほとんど持ち合わせていなかったはずである。したがって、何の先入観も持たずに彼の地を踏んだわけであるが、初めて目にしたヨーロッパの街も人々も、不思議にも特に変わったものには映らず、まるで以前から知っていたような一種の親しみさえ抱いたと、のちに花子は語っている。(2)

何よりも、街の美しいことが気に入った花子は、これならばここで暮らしていけると安心し、会場では雇い主の依頼に応えて一日三回、『汐汲《しおくみ》』や『越後獅子』などを踊ってみせ、(3)同地の人々に日本文化を紹介することに励んだのであった。日本舞踊どころか「本物の日本人」さえ見たことのない観客たちは、振袖姿の花子たちによる異国情緒たっぷりの踊りに大喜びであった。

当時「本物の日本人」がいかに珍しかったか、よく分かるエピソードがある。ガントレット恒子《つねこ》(作曲家・山田耕筰の姉で、一八九八年に日本で英国人エドワード・ガントレットと結婚した、国際結婚のパイオニアともいえる女性。社会運動家として知られる)が、一九二〇年に英国で初めて夫の母親と対面した時、彼女は恒子の顔を見ながら「まあ、あなたはわたしたちとちっとも違わない」とつぶやいたという。日本人は皆、広重の絵のごとく、眼が縦についているものと思い込んでいたのだ。(4)それでよく息子との結婚を許したものだと感心してしまうが、第一次世界大戦後でも（本物の日本人を見たことのない）一般人の日本人に対する理解は、そのようなものであったのかもしれない。

花子たちが常に好奇の目にさらされていたことは確かで、一緒に渡欧した仲間たちは、そうした状況や海外の環境になかなか馴染めず、雇い主の知人に招待されても行くことを嫌がったが、花子はいつでも快く応じ、異国での生活に順調に溶け込んでいった。概して、若い人の方が新しい環境に適応しやすいものであるが、幼い頃からの旅生活が、花子にこうした順応性を与えたのかもしれない。また、花子は様々な〝違い〟を拒絶することなく、楽しめるタイプの人であったのだろう。

帰国する日を、今日か明日かと指折り数えて待つ仲間たちの姿を見ると、自分も帰りたいような気持ちになった花子であるが、いつも「少しばかりの金ができたところで帰ってどうする」という考えに行き着くのである。日本で新たに仕事を探すよりも、ヨーロッパに残って人気の日本舞踊の腕を生かした方がよいのでは、という思いが日に日に強くなっていくのであった。帰るべきか残るべきか。ギリギリまで迷った花子は博覧会終了後、帰国の船に乗るため、一緒に渡欧した仲間たちと共に、ベルギーのアントワープまでともかく移動する。そして結局、一人彼の地に残ることにし、日本へと帰っていく仲間を見送ったのであった。

この時の花子に不安がなかったとは思えない。本人は決して言葉にはしていないが、彼女がホームシックに全くかからなかったとも考えられない。ホームシックとは、精神的なものだけではなく、身体的なものでもあるからだ。三〇年以上日本で生きていれば、身体は日本に馴染み、どうしても、そこにあることが当然となる。身体が日本に戻りたがるのである。それに耐えて異国に残ったのは、その方が食べていけると踏んだからに違いない。また、現代とは違うパスポートの問題もあったのではないか。当時は、日本に帰国の折には、海外旅券を返納しなければならなかったのである。日本に戻れば、二度と海外には行けない可能性が高かった。

花子は、自らに与えられた貴重な機会にかけることにしたのである。

さらに、その頃のアントワープは日本の郵便船の終航地で、(5)日本領事館もあり、日本人も多く寄留していて、活動の拠点とするにはうってつけの場所であった。「小さくとも日本舞踊の一座を結成して、ヨーロッパ中の劇場を打って回ろう」と花子は心に決めた。さっそく街なかに下宿先を見つけ、同地における日本人のたまり場となっていた日本料理店に、自分の計画に協力してくれそうな人がいたら紹介してくれと頼んだ。日本料理店の店主は畑中という名であった。

もともと成功するまで日本には帰るまいと誓って旅立った花子である。博覧会での観客の好意的な反応が、異国に残ることを後押ししてくれたのであろう。そもそも一つ所に留まらない生活が続いていたのであり、小泉と結婚してからも、移動につぐ移動の日々を送っていた花子であった。こうした海外生活さえも、幼い頃から慣れている旅の延長のように思えたのではないか。そしてそれは、確かに彼女の強みであったといえる。たとえ生きる場所が変わっても自分は変わらない、自らのいるところが世界の中心なのだという意識が、花子にはあったのではないだろうか。

ドイツで女優としてデビュー

周囲に自らの計画を話し、ひたすら時機をうかがっていた花子に、ついにチャンスが訪れる。ある日の夕暮、ロンドンから日本料理店へと花子を訪ねてきた者たちがあった。一人はドイツ人の興行師、もう一人は山口という日本人であった。日本料理店からの使いによって呼ばれ、姿を見せた花子に開口一番、彼らが口にしたのは「舞台へ出てくれないか」

ということであった。場所はドイツのデュッセルドルフで、そこで開かれる小さな博覧会の余興として日本の演劇を見せるのだという。もともとは日本人の奇術師、松旭斎天一《しょうきょくさいてんいち》（一八五三〜一九一二）の一座の興行をする予定であったところ、一座の花形の松旭斎天《てん》勝《かつ》（一八八六〜一九四四）が盲腸で入院してしまい、中止になったところから新たに計画されたものとの説明であった。[6] 山口は、天一の一座の通訳兼マネージャーだったので、ドイツ人興行師との橋渡し役として、一緒に花子のもとを訪れたのであろう。

彼らいわく、「ロンドンに滞在していた日本人の芸人を集めたものの、女優が足りないのです。日本語は片言しか話せないハーフの女性がいるだけなので、あなたにぜひ参加して欲しいのです」とのことであった。願ってもない申し出ではあったが、不安も感じた花子は、これまで様々な相談をしてきた日本領事に立ち会ってもらって契約を結んだ。親切な領事は花子に、もし無理なことをさせられたり、先方が契約にないことをするようだったら、いつでも自分に知らせるようにと言って、自身の名前と住所を記した封筒を手渡してくれたという。[7]

こうした異国に住む同胞の有形無形の援助があったからこそ、花子は海外で生き抜くことができたのであろう。また花子自身、助けが必要な時、その願いをはっきりと口にできる女性だったようである。こうして、「芸者」として渡欧した花子は、期せずして海外で「女優」としてデビューすることになったのであった。

この女優となった経緯は、花子自身の説明によるものなので、ドイツ人の興行師と山口が、どのように花子の存在を知ったのか等、疑問も残る。恐らく、日本人のたまり場であった畑中の日本料理店が「つなぎ」の役目を果たしたのではないか。彼らが最初にそこを訪れたらしいことからも、そのように推測できるのである。そういった日本料理店は、多くはないが各国に存在し、異郷に生きる日本人同士を結ぶ重要な役目を果たしたのであった。のちに花子自身もロンドンで日本料理店を開くことになるが（第五章の「一四年ぶりの日本帰国」参照のこと）、自分も異国の同胞を助けたい、結び合わせたいという思いがあったのかもしれない。

こうして花子が加わった一座は総勢一六名で、当初女優はハーフの女性と花子だけであった。日本で子役の経験のあった花子であるから、観客が外国人であっても、特に躊躇《ちゅうちょ》することなく、舞台に立つことができたに違いない。いずれにしろ、この時、花子は主役ではなく、小さな役を演じていただけであった。浪人が廓で争いをして斬り合いになるという、他愛のない芝居であったが、デュッセルドルフの会場は、いつも観客でいっぱいであり、その成功に気を良くした興行師は、今度はドイツ国内巡業を計画し、もう一年の契約を一座に申し出てきた。花子を含めたメンバーは、これに喜んで同意し、ドイツ中を回ることとなる。

日露戦争の影響で、日本人に対する関心が格段に高まっていた時期であったこともあり、どこの劇場も大入りとなった。ホクホク顔で売り上げを数えている興行師の姿を目にした花子と仲間たちに、「これがもし自主興行だったら」という欲が湧いてきたのも自然なことであっただろう。花子たちは、話し合いをし、週ごとに受け取る給料から天引きし、組合貯金を始めた。また、一座の中に、日本の劇壇に知り合いを持つ者がいたので、そうして貯めた金を渡して、日本の衣装や道具を送ってもらう手筈をととのえた。そして、ドイツだけではなく、オスマン帝国（現トルコ）の首都コンスタンチノープル（現イスタンブール）まで足を延ばしたのち、興行師がさらなる契約の更新を提案してきたのを断って、一九〇四年、花子たちは独立興行を目指し、一路英国に向かったのであった。もともと、ロンドン在住の芸人を寄せ集めた一座だったので、様子の分かっている英国を拠点にすることにしたのだと思われる。

貴婦人たちに危機を助けられて

イギリス海峡に面した港湾都市サウサンプトンに一軒家を借りてそこを本拠地とし、ブリストルからバーミンガム、リバプール、マンチェスターと、北上する形でまず地方を回った花子たちは、慣れない自主興行で、客は入りながらも、なかなか採算がとれず苦労する。花子たちは、簡単だと思い込んでいた興行というものの厳しさを、思い知ることになった。

楽屋の中は、観客から届けられた美しい花束のかぐわしい香りに満ちていながら、腹の中は空っぽという日々が続き、イングランド北部の中心都市の一つヨークで公演をおこなった時には、ついに一座の蓄えも尽き、ほとんど無一文になってしまっていた。

それでも、「遠い異国から来た俳優」として名士扱いされた花子たちは、上流階級の観客からたびたび自宅に招かれるのである。そういった折には、デュッセルドルフでの公演から、ずっと一座の興行に関わっていた吉川馨《かおる》（〜一九一〇）という男性が、通訳をしてくれた。吉川は、アメリカの大学を卒業しているという触れ込みであったが、真偽のほどは定かではない。当時、大志を抱いて洋行しながら、彼の地で挫折してしまう日本人は少なくなかった。想像と現実のギャップに耐えられなかった者もあったであろうし、経済的に困窮する者も多かったのである。吉川もそういった道筋をたどった人物であったのかもしれない。しかし、彼はその後、花子の人生に深く関わることとなる。

ヨークにおいて、とある貴婦人から招待を受けた花子は、いつもと同じように吉川に付き添ってもらい、貴婦人宅へ出かけた。そして、そこでさらに別の夫人から、翌日は自分のところに来て欲しいという招待を受ける。ところが行きたくとも、その貴夫人の自宅は郊外にあるので、馬車代がかかって、とても行くことができないのである。しかし、皆の前で断れば、その夫人に恥をかかせることになってしまう。進退窮まった花子は、恥をしのんで、通訳の吉川を通して「招待を受けたくても、そこへ行くまでの馬車代さえ払うことができないのです」と打ち明けてしまったのである。

一同総立ちになって、何やら話し合いを始めたので、恥ずかしさのあまりその場を去ろうとする花子に、待つように声をかけると、皆それぞれバッグやポケットを探って紙幣や金貨を銀皿の上に出して集め、恐縮する花子に渡してくれたのであった。さらに貴婦人たちは、ヨーク公演中は、ホテルではなく、彼女たちが所有する空き家に滞在するように勧めてくれ、一座の窮乏は救われたのであった。

花子の、このような飾り気のない真っ直ぐな気性は、海外において明らかにプラスに働いたようである。そして、彼女は海外で受けたこうした親切を、ずっと忘れなかった。「人は道連れ、世は情け、ヨオクの街の方々の親切は私には尊い記念です」(8)と、心ある異国の貴婦人たちに感謝し続けたのである。

ロンドンで端役から主役へ

出立の日、大勢で見送りに出てくれた優しいヨークの貴婦人たちに別れを告げた一座は、さらに北の方(どこまで北上したか定かではないが、この時は、スコットランドまでは足を延ばしていないかもしれない)を回ってからロンドンへ向かい、サヴォイ劇場で公演を打つ。これは、ギルバート&サリヴァンのコンビによるいわゆる「サヴォイ・オペラ」が上演されたことでも知られる座席数

現在のサヴォイ劇場(右側の建物)

一一五八の劇場である。日本ブームにあやかって生まれた『ミカド The Mikado』が初演されたのも、この劇場であった。日本の芝居を上演するのには、いかにもふさわしい場所であったといえる。そこで悲劇と銘打って一座が演じたのは、『ハラキリ The Hara-Kiri』という芝居であった。

当時のプログラム(9)によると、『ハラキリ』のキャストは以下のようなものである。

カゲキヨ：　ミスター・サトウ
アコヤ：　ミス・ハナコ（花子）
トモタダ：　ミスター・ミヨシ
イワナガ：　ミスター・ハラダ
シゲタダ：　ミスター・カツロー
アサゴゼン：ミス・ハナカ・フジコ
チャラ：　ミス・ミヤコ
カザ：　ミスター・ホンダ
カメイ：　ミスター・キクチ

ロクロー：　ミスター・コエズミ
ハチロー：　ミスター・ザマカワ
トユマ：　ミスター・O・シマダ
ヒチロー：　ミスター・A・シマダ
ハンザワ：　ミスター・A・キヤマ

出演者は一四名であり、うち女優は花子を含めて三名である。この時、花子が「ミス」花子であったことに注目したい。「ミス」から「マダム」に変更するにあたっては、ある人物の助言が影響を及ぼしていると思われるのである。そのことについては後述する。

この頃、一座は無論「花子一座」ではなく、プログラムによると「アラヤマ一座（Arayama's Company of Japanese Artistes）」と称している。宣伝でも「アラヤマ一座（Arayama's Company of Japanese Players）」と記されているものがあるので[10]「アラヤマ」なる人物がこの時、一座のまとめ役であったのであろうが、どのような経歴の持ち主か今のところ詳細は分かっていない。しかし、俳優というよりも、曲芸に携わっていた人物であった可能性が高い。必ずしも同一人物とは断定できないが、「綱渡りの綱の上でギョッとするような

切腹をする友忠

花子演じる芸者・阿古屋

三味線を持つ「ちゃら」と朝御前

源頼朝の家臣と戦う景清

サヴォイ劇場における『ハラキリ』の舞台（*The Sketch,* 1905 年 10 月 11 日）ロンドン演劇博物館所蔵曲芸を見せる小柄で敏捷な日本人・アラヤマ」の名が当時の英国の新聞に見受けられるからである。[11] しかしながら、『ハラキリ』の演技陣で「アラヤマ」と名乗っている者はいない。俳優として舞台に立つ時は異なる名を使っていたのであろうか。実際『ハラキリ』は、斬り合う場面こそあっても、曲芸などの見せ場はない芝居なのである。

『ハラキリ』は、プログラムに折り込まれていた英語の筋書によると、次のような芝居であった。

主人公は平景清で、平家を滅ぼした源頼朝に復讐しようと変装して鎌倉に向かったところ、頼朝の家臣・岩永に正体を見破られてしまう。景清は、家臣の友忠によってある家にかくまわれるが、やはりそこにかくまわれていた景清の恋人・芸者の阿古屋が岩永に見つかってしまう。友忠は阿古屋を渡すまいとして岩永と戦うが、やがて切腹して果てる。景清はついに降伏し、自らの家臣にならないかとの頼朝からの誘いを断り、阿古屋と共に仏門に入ることを決意するのであった――。

話の中心は景清、あるいは題名のとおり「切腹」をする友忠であり、花子が演じた傾城ならぬ「ゲイシャ」阿古屋はこの『ハラキリ』の中では脇役に過ぎなかった。しかも、筋書は「愛国心というものが物語の主軸をなしており、恋愛は二の次である」とわざわざ断っており、それはあたかも「女性の役は二の次」と説明しているかのようである。実際、プログラムや写真を見ると、女性の役としては、芸者・阿古屋の他に、景清の妻・朝御前《あさごぜん》（写真では花魁《おいらん》の格好をしている）と踊り子の「ちゃら」（写真では三味線を持っている）が出ているのだが、ほとんど意味のある登場をしていない。外国人受けすると思われる花魁の姿を見せ、少しばかり三味線を聞かせたかっただけ、というのが実情であろう。

もっとも、この踊り子役の「ミス・ミヤコ」という女優が実際に三味線を弾けたかどうかは分からない。アントワープで花子が入座の誘いを受けた時、「一座には片言の日本語しか話せないハーフの女優がいるだけ」なのだと説明されたのが、彼女であると思われるからである。

朝御前役は「ミス・（ハナカ）フジコ」という女優で、花子よりも早くロンドンで女優業を始めていた日本女性のようである。明治三八（一九〇五）年九月一九日付の『大阪時事新報』の「倫敦に於ける日本女優劇」という記事によると、フジコは、ロンドンのウエストエンド座で日露戦争にちなんだ芝居を自ら脚色して上演している。フジコの出自はこの記事の中でも明らかにされていないが、まず渡米して舞台に立ち、それから英国に拠点を移した模様で、日露戦争にちなんだ芝居の上演後、一座に加わったものとみられる。

こうして、貴重な女優を三人も抱えながら、この男中心の舞台はいかにも地味であった。外国人受けする「ハラキリ」の場面があり、それをタイトルにさえしているが、筋書を読む限りでは、外国の観客にはなかなか理解しにくいように思われるこの芝居は、果たして「悲劇であるはずなのに、観客は全く悲しい気持ちになれず、俳優の表情や身振り、せりふの抑揚なども、分からぬ言語を観客に理解させる助けになっておらず、踊りを伴っていない音楽は楽しめず、貞奴のようなスター女優がいないことにがっかり」「家来の忠義というテーマが今一つで、男たちが奇妙な声を出したり、目を細めたり、歯ぎしりしたり、敵をねめつけて足を踏み鳴らしたりするのも妙に感じる」[12]などという酷評を受けたのであった。

しかし、幸運なことに、この舞台はちょうどサヴォイホテルに滞在していた名興行師、ロイ・フラー Loie Fuller（一八六二～一九二八）の目に留まった。[13]彼女は、モダンダンスの先駆者であり、照明や巨大な布を見事に生かした幻想的な「炎の踊り Serpentine Dance」であまたの著名な芸術家を魅了し、アールヌーボーに影響を与えたダンサーでもあった。

花子たちの一座より先んじて海外で日本演劇を上演し、大成功をおさめた川上音二郎

（一八六四～一九一二）とマダム貞奴《さだやっこ》こと川上貞奴（一八七一～一九四六）一座のヨーロッパ巡業（一九〇一年四月に渡欧し、一九〇二年八月に帰国している）をお膳立てしたのは彼女である。花子が、ちょうど川上一座と入れ替わるかのように、ヨーロッパの地を踏んでいることは、どうにも因縁めいているように思えてならない。フラーと花子は出会うべくして出会ったようである。

フラーは、ぜいたく好みで抜け目のない人物であったようだが、彼女自身、アメリカ人でありながら、ヨーロッパで立派に成功をおさめており、外国でどうすれば「売れる」のか、そのコツをよくつかんでいる腕利きのビジネスパーソンであった。

彼女は一座の問題を鋭く見抜き、「こうした集団で座長が誰かはっきりしていないのは問題だ。日本人の

ロイ・フラー（Loie Fuller, *Fifteen Years of a Dancer's Life*, Small, Maynard & Company Publishers., 1913）

「貞奴のライバル　小さな花子」花子がいかに小さいか分かる（*Illustrated London News,* 1908年3月21日）　大英図書館所蔵

寄せ集まりということでは、劇場には売り込みにくい。花子を座長にしたらどうか」と、一座の人間には、なかなか受け入れがたい提案をした[14]。長い間、男性が演劇界を支配してきた日本では、男女混合の団体で女性がリーダーになるなど、ほぼあり得ないことであった。一座の者が反対しても当然であったといえる。

さらにフラーは一座の売り出しを引き受けるにあたって「この小さい女性を一座のスターにしなければ、成功はあり得ない」と主張して、花子を主演にすることも条件にした[15]。しかし、これはしっかり花子の実力を試した上での提案であった。フラーは花子にオーディションとでもいえる課題を出した。それは、何と「死の場面」を演じるというものであったのである。

花子とハラキリ

一九〇〇年のパリ万国博覧会の際、ロイ・フラーは、会場内の自らの劇場で、川上音二郎・貞奴一座に公演をさせた。そこで、貞奴の美しさと共に、「ハラキリ」が呼び物になると踏んだフラーは、もともと切腹シーンのない登場人物にも無理に腹を切らせた。当初は抵抗を示した音二郎も、結局のところ、フラーの要求をのんだのである。

川上貞奴（田中純『近代麗人伝』、光書房、1959 年）

この川上一座の大成功によって、「ハラキリ」の絶大な効果を熟知していたフラーが、座長となる花子に同じことを要求したのは、当然のことであったかもしれない。川上一座のスターであったマダム貞奴は、花子と同じく「もと芸者」、それも、伊藤博文を後ろ盾に持ったこともある芳町《よしちょう》の人気芸者であり、誰もが認める美女であった。それまで端役を演じていた花子が、そうした貞奴に負けぬスター女優になれるかどうかは、「ハラキリ」の場面を演じられるかに、かかっていたともいえる。音二郎と貞奴に続いて現れたスター候補の日本俳優として、その二人分の働きが花子に求められたのである。
そういった要求に応じて花子が見せた「死ぬ演技」は、フラーをうならせた。それは、よほど強い印象を与えたようで、その時の花子の様子を、フラーは自らの自伝の中で、以下のように描写している。

おびえた子供のような動きやため息、傷ついた鳥のような鳴き声と共に身体を丸め、刺繍《ししゅう》のほどこされた重い着物に、その細い身体をうずめた。顔はあたかも石化したように不動であったが、眼では激しい生気を表した。身を震わせ、ため息のようなかすかな叫び声をあげ、最後に、眼を大きく見開いて、今まさに自分に追いつこうとする死を眺めた。ゾッとするような迫力であった。(16)

下手に演じれば、観客を惹きつけるどころか、失笑を買うであろう難しい死の場面を演じきる力を、花子は持っていたのである。ここでフラーが描写しているのは、明らかに花子が見得をして「にらんだ」瞬間のすさまじさであろう。花子が幼少時代、女役者の一座で身につけた技術が、ここで生かされることになったのであった。フラーは、自分の目に間違いがないことを確信し、花子を座長にした一座は、北欧四カ国とドイツ、オーストリア、ベルギー、フランスを巡演することになる。日露戦争（一九〇四～一九〇五年）の影響もあり、ことに当時ロシアの治下にあったフィンランドでは、熱狂的に迎え入れられ、一座は大成功をおさめたという。(17)

花子という芸名自体、自分がつけたものだと誇らしげにフラーは述べているが、(18)サヴォイ劇場の『ハラキリ』のプログラムにすでに「Miss Hanako」と記載されているので、この主張は怪しい。それよりも、「Miss」から「Madame」に変えるよう指示したのがフラーなのではないだろうか。もちろん、「マダム貞奴」の人気にあやかれるように、である。川上一座のヨーロッパ巡業から数年しか経っておらず、その公演の印象はまだ鮮やかであったに違いなく、「マダム貞奴」の母国・日本から来た「マダム花子」とくれば、人々の興味はいや応なしにかき立てられたことだろう。

フラーは、花子一座の演目にも大いに口出しをした。一座が新たに演じることになったのは、フラーが書き下ろした『芸者の仇討ち（The Geisha's Revenge）』という仇討物や、『受

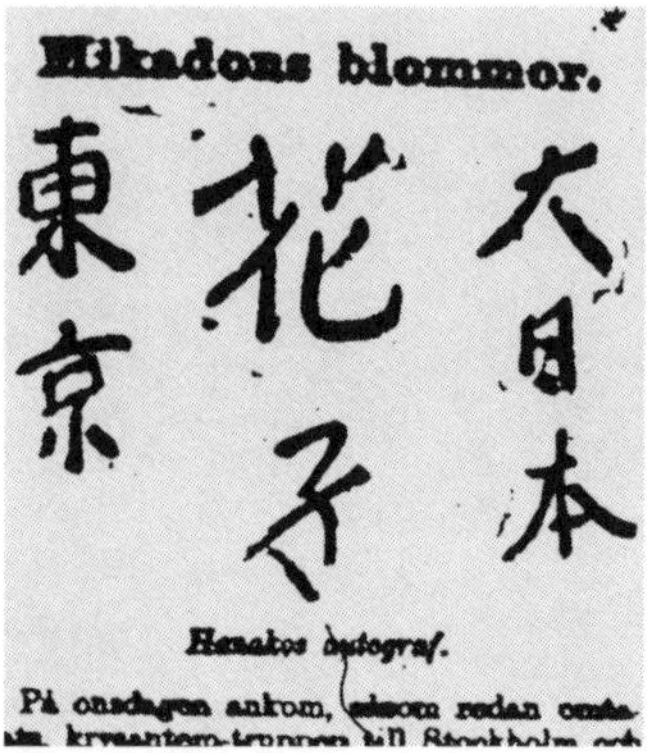

新聞に掲載された花子のサイン（*Dagens Nyheter,* 1906 年２月１日）スウェーデン王立図書館所蔵

『芸者の仇討ち』の舞台 花子演じる「おそで」は仇討ちを果たしながらも厳しい表情を見せている（下方の絵）（*Stockholms-Tidningen,* 1906 年２月２日）スウェーデン王立図書館所蔵

難者（A Martyr）』という心中物、やはりフラーが手を加えたと思われる舞踊劇『ガラテア Galatea』などという作品であった。

『芸者の仇討ち』は、舅を殺された「おそで」という「もと芸者」が夫と共に敵討ちをする芝居（仇討ちを果たしながらも夫が亡くなったため、「おそで」も悲しみのあまり死ぬ）[19]、『受難者』は、自分とうりふたつの人形を使って恋人をからかおうとした娘が、そのいたずらがもとで恋人が殺されてしまったので、自分も切腹して果てるという芝居[20]、『ガラテア』は、歌舞伎舞踊の『京人形』とほぼ同様の、人形師と彼が作った、まるで生きているような人形との恋の芝居で[21]、すべての芝居で花子がヒロインを演じた。新聞などにおいても、花子は主演女優として紹介されており、中には、漢字で書かれた花子のサインを掲載しているものもある。

一座が、嫌々ながらでもフラーの提案に従ったのは、恐らくは、フラーの主張に納得できる部分があったからではないだろうか。男性を中心とした舞台の観客受けは、あまりよくなかったのだと考えられる。また、自主興行で苦労を重ねるうち、その道に通じたプロの助けの必要性を、切実に感じるようになったからかもしれない。

しかしながら、日本の男優にとっては、このような女性中心の舞台を創ることには、かなりの抵抗があったことだろう。実際、花子自身も、一座の中で、彼女が主役を演じることに異議を申し立てる者があったと語っている[22]。

また、フラーのこの決定に反感を覚えたのは男優だけではなかったようで、『ハラキリ』で朝御前を演じたフジコは、結局自らがもっと活躍することのできる場を求めたらしい。『ハラキリ』の写真を見る限り、はっきりした顔立ちの美人で、舞台映えのする女優である。花魁姿も堂に入っている。見た目では、彼女の方が主演女優にふさわしいように思われる。

しかし、フラーは花子を選んだ。花子より経験もあり、自信もあったフジコにとっては、かなりの屈辱であったのではないか。花子が座長になることをよしとしない他の座員と共に、新たな一座を組む道を選んだとしても不思議ではない。

フジコはのち、アメリカに活動の場所を戻している。明治四二（一九〇九）年三月二四日付の『時事新報』の「紐育の日本踊」という記事によると、〈ヴァンパイアー・ダンス〉という、吸血鬼の踊りを創作してニューヨークで上演し、喝采を浴びたようである。

一九〇九年というと、花子がオーストリアやドイツで非常な人気を博していた頃であり、恐らくフジコもその評判を耳にしていたであろう。希少な「日本女優」同士が、海外を舞台に、こうした競争を繰り広げていたというのは興味深い。ベテランのフジコではなく、花子を主役に抜擢したフラーは、その後の花子の華々しい成功を鑑みると、プロデューサーとして先見の明があったといえるだろう。

それにしても、アメリカ人であるロイ・フラーが、なぜ日本の芝居の台本を書くことができたのであろうか。音二郎・貞奴の演じるものを観て、そのコツをつかんだということもあるだろう。フラーはそれまでにも、『小さな日本の女の子（A Little Japanese Girl）』という作品を書いており、初期にはアメリカ女優ポーリン・チェイス Pauline Chase（一八八五〜一九六二）によって無言劇として演じられたこの作品は、『おたけ Otake』というタイトルで花子によって演じられ、主人公のおたけは花子の当たり役となった。花子一座がその長い海外巡業の間、最も多く上演したと思われる作品である。日本の新聞（『大

大きな荷物を背負った「おたけ」のカリカチュア（*Collier's*, 1907年11月30日）ニューヨーク公共図書館所蔵

大きな荷物を運ぶ「おたけ」（*The Sketch*, 1908年7月29日）ロンドン演劇博物館所蔵

阪朝日新聞』明治四四年三月八日）に掲載された、花子に関する記事によると、その舞台は次のようなものであった。

三味線の調べと共に幕が開くと、そこは「おたけ」の仕える女主人の居間で、女主人は恋人と甘い言葉を交わしながら登場する。恋人が急用により去ると、女主人もがっかりして退場する。そこに花子演じるおたけが、巨大な荷物を背負って登場する。小さな花子が片言の英語交じりの愚痴をつぶやきながら、自分の身体の倍もある荷物をひっくり返す姿に、観客は大笑いである。女主人が不在であることに気付いたおたけは、いたずら心を起こして女主人の着物をまとい、化粧道具も勝手に使ってしまう。そこに女主人の恋人が戻って

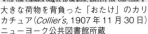

きて、おたけを女主人と思い込んで花を捧げるが、おたけが何の反応もしないので、怒りのあまり彼女を斬り殺してしまう――。

最初に大いに笑わせてくれた明るいヒロインを、情け容赦もなく殺してしまうフラーの手法は、なかなかのものである。時に応じて、からくも刃を逃れたおたけが自らの恋人の腕に飛び込むハッピーエンドのバージョンも演じられたようで、興行の成功の秘訣はそのような柔軟性にもあるようだ。

花子が、死の演技だけでなく、コミカルな演技も巧みにこなせる女優であったことは、注目に値する。花子がフラーに見出されたのは、彼女が死の場面を演じることができたからだけではないのである。

才能ある女優があまた活躍していた欧米の演劇界でも、「優れた悲劇女優であり、かつ喜劇女優でもある」ものは少なかった。単に欧米では珍しい「本物の日本人」であるだけでなく、そのような意味でも花子は稀有な女優であった。フジコではなく花子が座長・主

恋人の腕に飛び込む「おたけ」（*The Sketch,* 1908年7月29日）ロンドン演劇博物館所蔵

演女優に選ばれたのは、こうした資質にもよるのではないだろうか。「マダム貞奴」に並び、超えるには、彼女と同じことをやるのでは足りない。よって、悲劇と喜劇のどちらも演じられることは、花子の大きなセールスポイントとなったのである。フラーは人の才能を見極めることに長けた人物であり、成功のためには何をも厭わない人でもあった。

フラーは自伝の中で、『おたけ』の他に『吉原のドラマ（A Drama at Yoshiwara)』、『日本人形（The Japanese Doll)』、『政治的スパイ（The Political Spy)』、『日本のオフィーリア（The Japanese Ophelia)』、『日本の茶店（A Japanese Tea House)』などという作品を花子一座のために書いたと語っている。(23) 内容については説明していないが、いかにも外国の観客の興味を引きそうなタイトルであり、こうした部分にも、プロデューサーとしてのフラーの手腕が光っている。

踊る花子（*L'Illustration*, 1906年11月3日）
横浜開港資料館所蔵

彼女がそのように次々と作品を生み出すことができたのは、類型的な要素を繰り返し使ったからであろう。要は、「日本

花子のハラキリ（*L'Illustration,* 1906年11月3日）横浜開港資料館所蔵

らしく」見えればよいのである。あとは、本物の日本人たちがそれを「本物の日本」に見せてくれるのであった。

登場人物は多くの場合「サムライ」「ゲイシャ」で、主人公は女性、立廻りや踊り、楽器の演奏、茶の湯、恋愛の場面などがふんだんに盛り込まれ、大体において最後はヒロイン、つまり花子の死、多くは「ハラキリ」で終わった。まさにサヴォイ劇場における『ハラキリ』の舞台においては足りなかったと思われる、観客が見たいと熱望する要素が、こうしてフラーによって加えられたのであった。

比較文学者のエドワード・W・サイードは、その著書『オリエンタリズム Orientalism』（今沢紀子訳、平凡社、一九九三年）において、オキシデント（西洋）が、自らが抱く他者イメージを利用して、オリエント（東洋）を支配する構造を明らかにしているが、この時点でのフラーと花子の関係は、まさにそうしたものであったといえよう。自らを描く側、花子たちは描かれる側として、フラーは、西洋人が日本という国に持つイメージを、花子の舞台で視覚化させたのである。それは、西洋人が思い描いたとおりの彼らの見たい〝ニッポン〟であった。その戦略は成功し、また、花子の迫真の演技が話題を呼び、多くの観客が劇場へ詰めかけることとなる。そして、花子に思いがけない出会いがもたらされるのである。

第三章　ロダンのモデルとなる　一九〇六―一九一七年

ロダンとの出会い

一九〇六年、マルセイユでの植民地博覧会において興行中であった花子の楽屋を、一人の「ひげをモジャモジャ生やした汚らしい服装」の男性が訪れた。[1]

この人物こそ、フランス芸術界の巨匠、彫刻家オーギュスト・ロダン Auguste Rodin（一八四〇〜一九一七）で、舞台の花子の自害シーンに感銘を受けて、面会を求めたのであった。

のちにロダンは花子をモデルにして、五三点[2]もの作品を創りあげることになる。この巨匠のモデルになったもので、これほど多くの作品を生み出させた女性は他にはいなかった。

身長約一三六センチ、体重三〇キロ(3)と、当時の日本人としても小柄な花子を、ロダンは愛情を込めて「プチト・アナコ（Petite Hanako）」と呼んで、可愛がった。花子自身も、ロダンとの出会いは、生きてきた甲斐があったと思わせてくれる出来事の一つだったと語っている。(4) しかし、この初対面の時はロダンも旅の途中であり、パリに来る折には自分を訪ねるようにとの言葉を残して、彼女と別れている。

フラーの売り込みにより、各地で成功をおさめた花子一座であったが、フラーとの間では、金銭に関するトラブルが絶えなかった。川上音二郎・貞奴夫妻も同じような経験をしていたことを花子は知っており、日本帰国後、『岐阜日日新聞』の記者に、ロイ・フラーについて「貞奴を抱《かか》へて金を払はないで非常に苦しめた奴《やつ》」だと説明している。(5) 実際、劇場からかなりの額が支払われても、それを自らの懐に入れてしまい、座員たちには満足な給料を払ってくれなかったようである。噂では、そうして手に入れた金で、自分はパリでぜい

ロダン（『新日本』、1917年1月号）

たくな暮らしをしているというのであった。

外でコーヒーの一杯も気軽に飲めない生活に憤った男優たちは、マルセイユでの公演時、ついにフラーに対して反乱を起こした。劇場が観客でいっぱいになっているにもかかわらず、舞台に出ようとしなかったのである。依然として契約どおりの給料を払うことを拒むフラーとの折合いはつかず、ついに一座は解散ということになり、座員はちりぢりになってしまった。フラーが、座長の花子だけ一人部屋にしたり、馬車や車で劇場への送り迎えをしたりと、特別扱いしたことへの反感やねたみも、この解散の遠因となったのかもしれない。

花子は、自分が女優となる第一歩を踏み出した思い出の地、アントワープにひとまず戻り、日本料理店の店主、畑中の家に落ち着いた。マルセイユで親しくなった「お徳」という日本女性も一緒であった。お徳は、日本では、横浜に住んでいたフランス人の子守をしていたが、そのフランス人が帰国する折について行ったものの関係が悪化してしまい、花子と共に畑中の家の世話になっていたのである。

「今、帰国したところでどうなる。また芸者に戻るだけなのではないか」

花子には日本に帰る決心がなかなかつかなかった。そんなある日、街へ買い物に出た彼女に「花子、花子」と声をかけるものがあった。近寄ってみると、それはフラーのマネージャーのような存在の女性であった。

「これからパリに行きませんか」

「何をしに?」

「もちろん、芝居をしに。吉川さんも一緒ですよ」

規模を小さくする形で新しい一座を結成しないかというフラーの誘いであった。近くにとめてある車には確かに、パリに残ったはずの吉川の姿があった。その時、花子の心は決まった。

もういっぺんだまされてみよう——。

花子と吉川馨(1909 年)岐阜県図書館所蔵

そのまま車に乗れというマネージャーに、少し待ってくれと言って畑中の家に引き返した花子は、お徳に事情を説明した。すると彼女も一緒に行きたいと言ったので、二人でマネージャーと吉川のもとに戻り、そのままパリに直行する運びとなったのである。[6]

花子と吉川のサイン入りの裏面 岐阜県図書館所蔵

花子が吉川に好意を持っていたことを、フラーは見抜いていたようだ。彼女の「夫婦になってしまいなさい」という言葉に従い、パリに戻って間もなく、花子と吉川はフラーの媒酌で結婚した。花子はのち、吉川とベルリンで撮った写真を日本の母宛てに送っている。幸せな結びつきに恵まれた男女の美しい写真である。

新しい一座はフラーの提案どおり小規模で、総勢たったの五名であった。フラーは自伝で「花子はヨーロッパ中の立派な劇場で演じた[7]」と語っているが、小規模な一座になってからは、座席数の少ないミュージック・ホールやバラエティー・シアター——いわゆる演芸場——もかなり回ったようである。このコンパクトな一座で、主として三〇分から四〇分という、上演時間の短い一幕物を演じる形を採ったのである。これが功を奏したのではないだろうか。小回りも利くし、（言い方は悪いが）ちょうど隙間家具のように、番組と番組の間を埋めることができるので、重宝され、しかも、異色の日本人の一座ということで、長く興行を続けることができた部分もあるのではないだろうか。

この時、全くの素人のお徳と吉川も舞台に立つことになったわけなのだが、恐らく、芸歴の長い花子が彼らを指導したのであろう。演技はともかくとして、美男で長身の吉川は非常に舞台映えしたようである。

日本の新聞は、しばしば花子一座のことを取り上げ、その舞台を揶揄《やゆ》する記事を書いているが、吉川に関してはかなり好意的に評価している。たとえば、「ハナコは年四十許《ばか》り芸妓上《げいしゃあが》りか何かで美人でも何でもない鼻の低い、眼の細い、口の大きな、顔には蕎麦粕《そばかす》か何かの出来た、背の極めて低い女であるがそれに反して吉川は四十恰好の顔容《かほかたち》の整つた、背のすらりとした好男子で彼方《あつち》へ持つて行ても恥かしくない程の男振だ」(『東京朝日新聞』明治四三年二月二三日)などという記事が見受けられる。花子一座の成功を喜ぶどころか、恥と見ている日本の新聞記者をもってしても、吉川の美丈夫ぶりは認めざるを得なかったのであろう。

それにしても、花子のけなし方はあまりではないだろうか。写真を見る限り、絶世の美女ではないとしても、それこそ、日本人形のような容姿をした女性である。しかし、それは決して「彼方へ持つて行ても恥かしくない」と思わせるような美ではなかったようだ。そんな花子のどこに、巨匠ロダンは興味を持ったのか。森鷗外の小説『花子』は、まさに、ロダンが日本人に花子の美について語るという形の作品であるので、のちほど詳しく取り上げることにしたい。

新たな一座になっても、呼び物はやはり花子のハラキリであった。鮮やかな血が、劇場の前列に座っている燕尾服姿の立派な紳士の胸にかかったことなどを新聞が書き立て、興味にかられた観客が劇場に詰めかけた。パリには日本からの留学生が多く滞在していたので、彼らの厳しい目を気にしながらも、花子は舞台で腹を切り続けたのである。

ムードンのロダンの邸宅 現在はロダン美術館となっている（パリのロダン美術館とは別である）

歌舞伎の舞台では、女性はそのような死に方をしないことは、花子もじゅうぶん承知していて、フラーとは何度も言い争った。

花子にあまり好意的に言及されていないロイ・フラーだが、フラー自身、人々の批判を恐れず、常に新しいことに果敢に挑戦した人であったことは、ここで明らかにしておくべきであろう。彼女は、まずは表現者として、のちにはプロデューサーとして、生涯舞台に関わり続けた。彼女の名を知らしめた炎の踊りの成功に甘んじることなく、絶えずその改良に力を尽くし、観客を喜ばせるために、より良いものを見せようと努力していたのである。

そのことを思うと、フラーが、自分が売らなければならない花子に同じ姿勢を要求したのも、当然であったかもしれない。幼い頃から舞台に立っていた花子も、役者は人気商売であるということは、身にしみて分かっていたはずである。それが見たいと観客が望むのなら、やるしかないではないか。葛藤の末、花子はそう腹をくくった。そして、せめて手を抜かず、持てる技術を最大限に生かして、死にゆく女性の姿を舞台に表現しようと努めたのである。

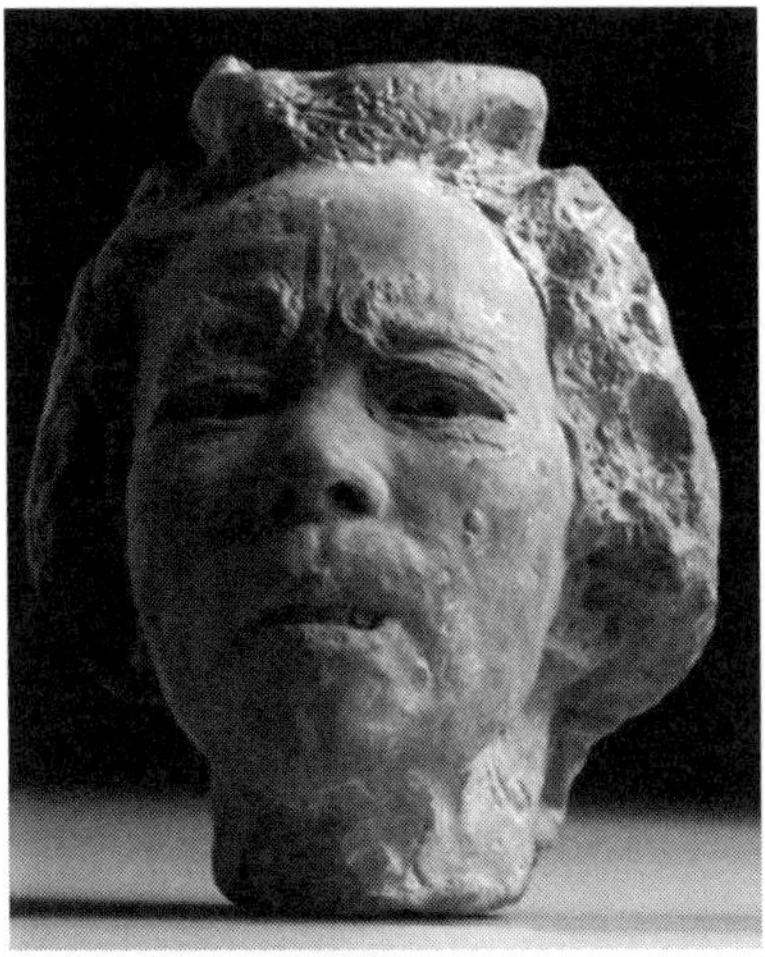
「死の顔・花子」1910年制作 テラコッタ 20.2×18.2×13.0㎝ 新潟市美術館所蔵

花子がそのような強い覚悟を持って、パリの劇場で公演を続けているところへ、ロダンが再び訪ねてきた。どうしてもモデルになって欲しいというのである。ついに、その話を引き受けることにした花子は、それからしばらく、開演までの短い時間を利用して、パリ近郊のムードンにあるロダン邸のアトリエに通うことになる。花子は以来、海外巡業の合間をみては、フランスに戻ってロダンのモデルを続け、夏のホリデーシーズンなどの公演が休みの期間も、ロダンのところで過ごすようになった。ロダン夫妻に家族同然に扱われる形で、ムードンのロダン邸に滞在したのである。旅から旅への日々から解放されて、一つ所に落ち着ける。それは、花子にとってもありがたい申し出であったことだろう。そのように年月を費やし、ついに完成したのが「死の顔」であった。

「死の顔」ができるまで

花子は、この「死の顔」の制作過程について、日本帰国後の一九二五年、『岐阜日日新聞』に次のように語っている。モデルとしてロダンと長い時間を共に過ごし、身近に接したものとしての彼女の回想は、非常に興味深いものである。

其頃は朝の十時になるとロダンさんの馬車がチヤンと迎へに来て呉れました、夫《それ》でアトリエーの仕事場で三十分ばかりモデルになつて居る仕舞《しまい》には倦《あ》きて来てチヤンとして居れない始め十五分位迄は眼が据はつて居るけれども後《のち》は変つて来る、芝居で演《や》つて居るときは二分や五分間位は表情がウマク出来るけれども、そんな事は長い事して居られない、「パボク花子々々（引用者注――Pas bouger, Hanako. 動かないで、花子）」と云ふから私は疲れましたと云ふと、夫《それ》では少し休まうと云ふのでポケツトからチョ（コ）レートを出して、私を椅子に掛けさせて、自分は小さな腰掛けを出して夫《それ》に腰を掛け下から私の顔を眺めてチョコレートを半分自分に食つて残りの半分を私の口へ入れて呉れまして私の手を撫でたりして私の機嫌を取つて呉れ、ボーイに云ふて遣《や》つてコーヒーを飲ましたり、煙草を呉れたりして機嫌を取り〲十分か二十分宛《づつ》遣《や》るのです其内《そのうち》に一つ出来上がつた「死の顔」と云ふのが一つ出来上がりました之が確《たしか》に明治四十一年頃と思ひます(8)

気難しいといわれ、常に周囲の人間に気を使われていたロダンが、ここでは、かいがいしく花子の機嫌をとっている姿が微笑ましい。自身は煙草を吸わなかったロダンが、煙草好きであった花子に喫煙を許しているのも、彼の心遣いの表れであろう。

ここで花子が、「始め十五分位迄は眼が据はつて居るけれども後は変つて来る、芝居で演つて居るときは二分や五分間位は表情がウマク出来るけれども、そんな事は長い事して居られない」と語っているのは、いわゆる歌舞伎の見得の「にらみ」のことであろう(9)。素人には決して真似のできないこの眼を捉えるのにロダンは苦労したようである。その模様を花子は以下のように語る。

ソンな風で毎日彫刻のモデルになつて居りましたが、どうしても眼が出来ないと云つてロダンさんも怒る、私も怒る、鏡を見て稽古した顔であるから、自分は之《これ》で宜《よ》いと思つてもロダンさんの気に入らない、折角《せっかく》出来たと思ふ時分に箆《へら》を突き込んでぐり〳〵と眼の球を抉《え》ぐつて仕舞ひ其日は夫《そ》れでお仕舞ひになるそんな事が幾日も〳〵続いたが私でも記憶のない程そんな事があつた、私は仕舞にイヤになつて仕舞ふ、眼がやめて仕方がない、私の一座の人はあなたの眼は此頃ヘンになつたと云ふ位で頭がボンとして仕様がない、始め芝居で見た時の眼と違ふと云つてロダンさんが承知しない、其内に私は亦《また》オランダへ一ヶ月許《ばか》り行つて帰つて来てから始めて眼が出来上つた、其時に奥さんも呼ぶ職人も呼んで「トリビヤ花子〳〵」と云ふて大喜びでありまして奥さんは私がヘトヘトになるほど接吻しました(10)

「にらみ」とは、瞳を鼻柱近くに寄せるもので、むろん常人にはとてもできるものではない。この日本の歌舞伎役者特有の表現に興味を持ち、それを彫刻にしようとしたロダンの芸術家としてのセンスには、敬意を覚えずにはいられない。それは、ロダンがこれまで目にしたことのない奇異な、まさに「異国的」な表現であり、それゆえ惹かれ、満足のいくものにするのに苦労したのであろう。

どうしてもその眼ができないと言って怒るロダンに、自分はきちんと舞台と同じ表現をしていると花子も怒ったというが、その姿勢には表現者としての花子の自負が感じられる。一度見たら決して忘れられない印象的な彫像「死の顔」は、このようにロダンと花子、二人の芸術家が己のプライドをかけてぶつかりあった末、生み出されたものだったのである。

「空想する女・花子」1907年以降制作 ブロンズ 17.0×12.0×11.9㎝ 新潟市美術館所蔵

のち花子は、こうして苦心の末に完成した「死の顔」と、「空想する女」という作品を携えて日本に帰国する。その「空想する女」は、「死の顔」と比べていかにも穏やかな、それこそ夢を見ているような花子の表情を捉えたものであるが、花子が語るその制作エピソードもなかなか興味深い。

「死の顔」のモデルになつて居る時何時《いつ》までも動かずに居れないので疲れが来ると眼を動かしたり何かするのですからロダンさんは私の手を引いて奥さん等《ら》と一緒に庭園をフラ〳〵と散歩する事が時々ありました其時私が草の中に坐つてポカンとした顔をして居るのを見てロダンさんがブックを持つて来て今のような格好をして居れと云ふと、夫《それ》をブックに書いて「空想に耽《ふけ》る女」(11)と云ふ顔を拵へると云つて夫《そ》れから昼前は「死の顔」を拵へると午後からはポカンとした奴「空想に耽《ふけ》る女」です夫《それ》を拵へる(12)

花子より先に国際舞台に華々しく現れた貞奴に、まずモデルになって欲しいと頼んで断られたとの逸話も残しているロダンであるが(13)、結果的に花子とは気が合ったのであろう。まずは舞台におけるそのエキゾチックな表現に惹かれ、その後、彼女自身の人間性に惹かれて、次々にその姿を彫刻として捉えていったのであろう。花子が自らのものとして日本に持ち帰ることのできた二作品が、「演技する舞台上の花子」と「素に戻った花子」であることは、不思議な巡り合わせである。そのどちらの花子をもロダンは愛したのではないだろうか。

花子が見たロダンとロダンが見た花子

花子はロダン夫妻にほとんど家族同然に扱われ、モデルになっている期間は、ムードンの館の離れの一室を自室として滞在するほど親しくなっており、通常のつき合いでは決して知ることのできないロダンの生活を間近に見ている。当時のフランスの芸術家たちの例にもれず、ロダンは日本の美術工芸品を数多く所持していた。そのことに関する傑作なエピソードを、花子は次のように語っている。

ロダンさんの家には沢山絵本があつた、日本の古い軸や絵本や、支那の絵本や枕草子などが大きな部屋に一杯積んである。或時にロダンさんが花子も来いと云ひつつ私を連れて其部屋へ行つて澤山の本の内から日本の名所づくしの絵本を出して退屈であらうから之《これ》を読めと云つて貸《かし》て呉れました。自分の部屋へ行つて其本を繙《ひもと》いて見ると中には支那や日本の春画が沢山挟んであつた。斯《こ》んなものを貸して呉れたのはどう云ふ積もりだろう、斯《こ》んなものを返したら先生が面目なかりはせまいか、さうかと云つて読んで見ないと云つて返す訳にもいかず、奥さんに返すと亦変《また》に思はれても困ると思つて半月ばかり自分の部屋にほかつて置いた。そうすると或る朝ロダンさんが「花子々々」と云つてバタ〳〵と私の部屋へ這入《はい》つて来て「花子アタン〳〵（引用者注——Hanako, attends　花子、ちょっと待って）」と云つて頻（しき）りに書棚に目を付けて其本を捜し出して「見たか〳〵」と云ふから私は見ないと答へると「ボン〳〵、パトン〳〵」「宜《よ》かつた〳〵御免《ごめん》なさい」と云つて出て行く姿の面白さと云つたらなかつた。私は一人で笑い崩れました。(14)

これは、ロダンの東洋関係のコレクションの模様を語った重要な記録でもあるが、白樺派などには、ほとんど神格化されていたロダン像からかけ離れた、生きたロダンの姿の証言として非常に興味深いものがある。ロダンが花子に心を許していた様子が表れているといえる。花子の目をとおして現れるロダン像は、人間味に満ちてユーモアにあふれ、温かい。花子の回想を読むと、神のようなロダン、気難しく近づき難いロダンとは異なった姿が見えてくる。

西洋人であるロダンは、東洋人である花子と、その人種の違いや、偉大な芸術家と旅芸人という、世俗的な身分を越えて、真剣に向き合い、互いに心許せる大事な友人同士となったのである。そして、ロダンのおかげもあって、花子はパリで多くの芸術家や貴婦人、政治家などと知り合い、次から次へと招待を受けて、いわゆるセレブリティーとして華やかな日々を送ることができたのである。花子はもともと物怖じしないタイプの女性であったようだが、海外で身分や地位ある人々とも堂々と交際できたのは、自身も周囲から名士として扱われていたからであろう。環境が「太田ひさ」に「マダム花子」としての風格を備えさせた部分もあるのではないか。

ところで、ロダンは、花子の彫刻だけでなく、彼女のデッサン画も多く残している。その中には、ヌード画そのものもある。片足一本で立つ裸体

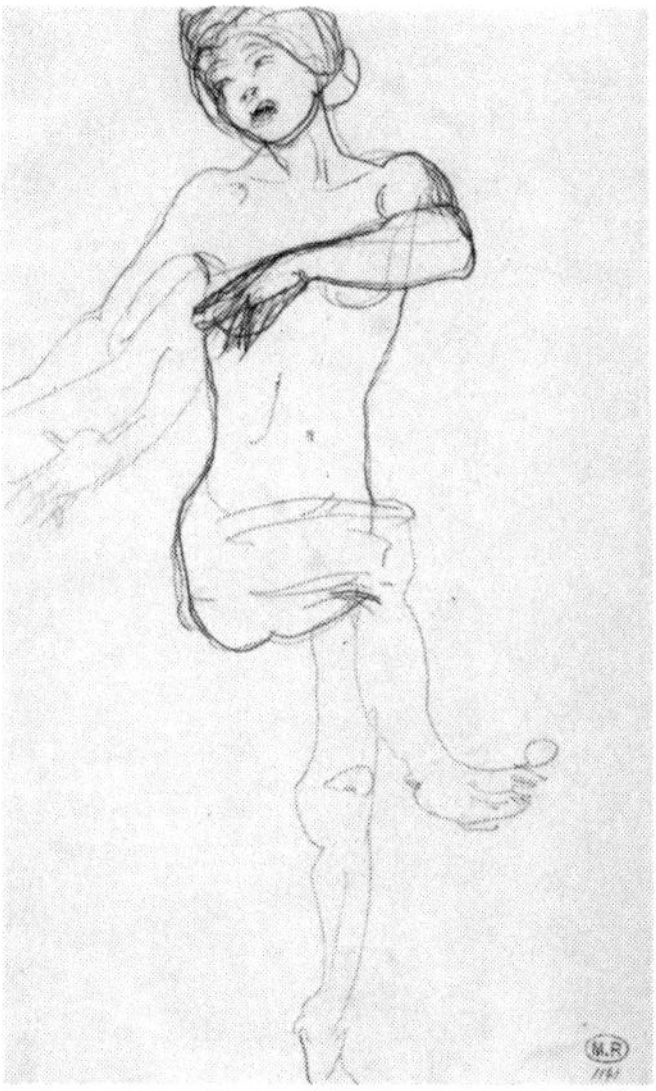
ロダンによる花子のヌードスケッチ（Musée Rodin(ed), *Rodin: Le rêve japonais*, Flammarion, 2007）

の花子や、踊りの振りを見せる裸体の花子の姿であるが、西洋的な美の見地からすると、さほど魅力的とも思えない彼女の身体を、ロダンはどう見たのであろうか。
ロダンは花子の身体を観察した、次のような言葉を残している。

日本の女優のハナ子を試作した事があります。この女にはまるで脂肪がない。彼女の筋肉は、フォクステリアと呼ぶ小さい犬の筋肉のように、はっきりと見えて出ています。その腱の強い事といったらその附着している関節の大きさが四肢の関節と同じくらいなのです。彼女の強壮な事は、一方の脚を直角に前方へ上げて一本の脚だけで自分の好きなだけ長く立っていられるのです。まるで木のように地面へ根を張っているようです。ですから彼女はヨーロッパ人の解剖組織とは全然違うものを持っているのです。それでいてその奇妙な力の中に立派な美があります。(15)

このロダンの説明から頭に浮かぶのは、歌舞伎役者や日本舞踊家のしなやかで力強い身体である。ロダンは、旅役者や芸者としての訓練によって鍛えられた花子の身体に美を見たのであろう。ロダンが花子と出会った時、彼女はすでに四〇歳に近かった。それは若さからくる瑞々しい美ではなく、余計なものがそぎ落とされた、無駄のない美しさであり、花子のそれまでの経験により、生み出されたものだったのである。

花子をモデルとした代表作ともいえる「死の顔」は、特別な訓練を受けた人間にしかできない表現——花子の「ニラミ」——を捉えたものとして、何よりも貴重な記録なのである。

残念なことに花子の舞台の映像などは残っていないが、諸国の観客を惹きつけた彼女の表現は、ロダンにより、こうして永遠に伝え残されることとなった。訓練につぐ訓練の花子の幼少時からの苦労は、確かにここで報われたのだといえよう。単純きわまりないストーリーの舞台を、見応えのあるものにしていたのは、花子の技術と芸であり、それはロダンのみならず、各国の目利きの芸術家や劇評家にも確実に注目されたのであった。

森鷗外の『花子』

本書の冒頭で述べたように、日本において花子が知られているとすれば、ほとんどの場合において、恐らくロダンのモデルとしてか、あるいは、鷗外の短編『花子』(初出は『三田文学』一九一〇年七月）のヒロインとしてであろう。花子が、ロダンに彫刻として捉えられただけでなく、鷗外作品でも永遠性を与えられた、特別な人物であったことは確かであるが、鷗外は一体、実際の花子を作品に反映させているのであろうか。ここで少し見ておくことにしたい。

短編である『花子』の内容は、以下のようなものである。

ホテル・ビロンの仕事場にいるロダンのもとを興行師が訪れ、花子嬢を連れてきたと告げる。どの人種にも美しいところがある、それを見つける人の目次第で美しいところがあると信じているロダンは、花子という日本の女が舞台に出ていることを聞いて、連れてくるように興行師に頼んでおいたのである。

やがて花子と通訳の日本人の学生が入ってくる。二人とも大きくはない興行師の耳までの背の高さで、際立って小さく見える。ロダンは学生から医学士久保田某と書いた名刺を受け取り、「Avez-vous bien travaillé?（よく仕事をしていますか？）」と尋ねる。久保田は、それがロダンという人が口癖のように言う言葉だと聞いていたので、はっとして「Oui, beaucoup, Monsieur!（はい、しています！）」と答え、これから生涯勉強しようと、神明に誓ったような気持ちになる。

久保田は花子をロダンに紹介する時、一種の羞恥を覚える。日本の女としてロダンに紹介するには、もう少し立派な女が欲しかったと思ったのである。花子は美人ではなく、一七歳という娘盛りなのに、子守あがりぐらいにしか見えないのである。しかし、意外にもロダンの顔には満足の色が見えている。

ロダンは花子に、故郷には山があるか海があるかと問う。山は遠く、海は傍にあると答えた花子に、ロダンは度々船に乗ったか、自分で船を漕いだかとさらに問う。花子が船には乗ったが、小さかったので自分で漕いだことはない、父が漕いだと答えると、ロダンの頭にはその画が浮かぶ。ロダンはしばらく黙り、久保田に花子は着物を脱いでくれるだろうかと尋ねる。久保田が花子にそのロダンの要望を伝えると、はにかむか、気取るか、苦情を言うかという久保田の予期に反して花子は「わたしなりますわ」と気さくに、さっぱりと答える。

ロダンが花子のデッサンを仕上げる間、久保田はロダンの書籍室で待つことにする。久保田は、そこでボードレールの「おもちゃの形而上学」という論文に目をとめる。それは、子供がおもちゃで遊んでしばらくすると、その物の背後にあるものが知りたくて、それを壊してみようとする、子供は理学より形而上学にいく、という内容のものであった。ちょうどその論文を読み終えた頃、ロダンが久保田を呼びに来る。

「おもちゃの形而上学」を読んでいたと説明する久保田にロダンは、人の身体も形が形として面白いのではない、それは霊の鏡だ、形の上に透き徹って見える内の焔が面白いのだと語る。そして、花子の裸体のデッサンを遠慮がちに見る久保田に、花子の身体の美は、ヨーロッパ人とは異なった、地に根を下ろしたような美、強さの美であると述べるのであった――。

こうした『花子』という作品は、当時どのように読まれたのであろうか。モデルである花子について知っていたらしい志賀直哉(一八八三~一九七一)は、次のような感想を述べている。


ロダンのライフの一頁を読むやうな意味でカナリ面白かつた。其他色々な意味で面白かつた。何かの雑誌で「欧州の舞台に於ける最も小さい女優」と云ふ題で、セイの低い容貌の悪い日本の女が扇と日傘を持ち、高い一本歯の足駄を穿(は)いておどつて居る写真を見たが、それが花子で其後も度々見た。中には十数人の独逸人の崇拝者を後ろに並べて写した写真などもあつた。芸は兎も角からだにいゝ所が有らうなど、は一寸考へられない女である。読むで行く内にロダンがどういふかゞ心配だつたが結局大変讃められた。ワケを聞けば尤（もっとも）と思ふやうな讃め方である。かういふ意味からも面白く読むだ。[16]

志賀は、あたかも自らが久保田青年の立場に置かれているかのように、「からだにい、所が有らうなど、は一寸考へられない」花子について、ロダンがどういうか固唾《かたず》をのんで見守り、最終的に「大変讃められた」ことにホッとしているのである。そして、そのロダンの言葉に素直に納得している。

こうした志賀の花子に対する最初の印象は、当時、花子の容姿を知り得たほとんどの日本人が感じたものと同様であり、鷗外も例外ではない。鷗外は、日英博覧会（一九一〇年開催）において日本の芝居を上演するか否かの議論が起こった際に、西洋での花子の人気に言及する形で、以下のような意見を述べている。

大いに真面目でやつて貰《もら》ひたいね。西洋では貞奴を日本のえらい役者と思つて居るのだからね。貞奴より劣つた花子といふやうなものや、此の間、ミユンヘンで死んだ日本の女優(17)が相応に歓迎されて居る。(……)叉批評の書物で見ると、貞奴が非常に賞讃されるのみならず、花子でさへ表情が猛烈で宜《い》いと言はれて居る。斯《か》ういふ場合だから日本のすぐれた俳優が行けば屹度《きつと》有望に違ひない。(18)

これは、『花子』が発表される前年の記事だが、鷗外が花子に寄せていた関心が既にうかがわれるものである。「貞奴より劣つた」という表現は気になるところだが、これは女優としての力量の比較ではなく、美人の誉れ高い貞奴より容姿が劣っている、ということではないだろうか。新聞や雑誌は、たびたび花子の写真や絵姿を掲載していたので、鷗外もそれらを目にしていたに違いない。そして、大した容姿ではないと見たのである。そんな花子が、ロダンのモデルになっていることを知り、鷗外のさらなる興味がかき立てられたのではないか。『花子』は、「特に優れた容姿をしているとも思えない花子を、ロダンはなぜモデルにしたのか」という自らの疑問に、答えを与える形で書いた小説ともいえそうである。

当初はそうした花子個人への興味から着想されたかもしれない『花子』であるが、それがなぜか、「日本女性」「日本人」の美に関する話であるかのように読まれてしまうのは、不思議である。たとえば、鷗外の佳作の一つとして三島由紀夫に『花子』を紹介されたドナルド・キーンは、以下のように述べている。

ともかく、ロダンと花子との面会は世界文化史上一つの目印であろう。西洋人が東洋人を見て、魂まで読めて美術にそれを伝えたことは初めてであろう。鷗外が西洋人のロダンの魂が読めたのも初めてであろう。「花子」という小説を読み直すと、まだ佳作であるかどうかは言えない。むずかしすぎるのかも知れない。が、鷗外がその面会の瞬間——東洋が神秘でなくなった瞬間——の偉大さに気がついたのはわれわれの敬意に値する。(19)

ここでキーンのいう「東洋が神秘でなくなった瞬間」とは、ロダンが花子の美を見出した瞬間をいうのであろうが、では、その「美」とは何なのであろうか。また、それは実際、「東洋」を代表するような美なのであろうか。

キーンと同様に、平川祐弘《すけひろ》も「短篇（『花子』のこと——引用者注）は、久保田にとっても日本の読者にとっても意想外なロダンの日本女性の美を讃える言葉によって終わるのである」[20]と述べ、篠原義彦も『花子』のロダンの花子評を「新たなる美、日本の美のお目見得である」[21]として、当然のように花子＝日本女性、日本としているが、実際、『花子』におけるロダンの最後の言葉は、内容的には「日本女性の美」ではなく、「花子個人の美」を讃えているものではないだろうか。

ただし、そうした花子の（身体の）美がどのように生み出されたのか、小説内で明らか にされることはない。作品で唯一花子の過去（経験）に触れるのは、ロダンと花子の以下の会話の場面のみである。


「マドモアセユの故郷には山がありますか、海がありますか」（……）

「山は遠うございます。海はぢき傍にございます。」

答はロダンの気に入つた。

「度々舟に乗りましたか。」

「乗りました。」

「自分で漕ぎましたか。」

「まだ小さかつたから、自分で漕いだことはございません。父が漕ぎました。」

ロダンの空想には画が浮かんだ。そして暫く黙つてゐた。ロダンは黙る人である。(22)

これらの会話から花子の身体の経験が引き出されるとの、以下のような説もある。「ロダンの想像・創作の欲望を刺激したのは、花子との対話を通して引き出された花子の身体の経験であり、身体の記憶であった。この場面が伏線的な意味を帯びて、『強さの美ですね』という結語に収斂（しゅうれん）していく」（山根弘子「個別性の発見―森鷗外『大発見』と『花子』」、『湘南文学』第三八号、二〇〇四年、一八五頁）、「ロダンと花子が交わす会話のなかへ、『度々舟に乗りましたか』『自分で漕ぎましたか』というのが出てくる。これは、もとより花子の筋肉の発達工合に関係させての配慮にちがいなく、ずいぶんゆきとどいた描法というべきであろう」（稲垣達郎「花子」、『森鷗外必携』、学燈社、一九六八年、一二二頁）、「舟を自分で漕ぎましたか。とロダンが訊くのは、舟漕ぎの経験と筋肉の発達との間のつながりをたしかめたいためであること云ふまでもない」（日夏耿之介「解説」、『鷗外選集』第四巻、東京堂、一九四九年、三四二頁）などがそれである。

しかし、自分では何もせず、父親が漕ぐ舟にただ乗っていただけでは、身体が鍛えられることはない。やはり、花子がどのようにしてそうした筋肉質の身体を持つに至ったのか、鷗外は作品の中では特に説明していないのである。

そもそも、『花子』の花子は「一七歳」に設定されており、彼女に特別な経歴や経験はあまり期待できないのである。『花子』というタイトルでありながら、彼女の心情はおろか、その人物像さえ作品中で詳しく描かれることはない。

『花子』の中で、ロダンが花子の裸体のデッサンをしている間、通訳の久保田は、ロダンの書籍室でボードレールの「おもちゃの形而上学」という論文に目をとおす。これは〈おもちゃ〉というものに関するボードレールの考察で、ボードレールが幼い頃、母親に連れられてある夫人の家を訪問し、夫人に、好きな〈おもちゃ〉を持って帰っていいと言われた時の思い出から語り出され、想像力を満足させる〈おもちゃ〉から、貧しい子供の〈おもちゃ〉としての生きたネズミなどについてまで、興味深い観察がなされる。鷗外が『花子』の中で引いている（要約している）のは、この論文の以下に当たる。

> 大部分の子供たちはとりわけ（おもちゃの——引用者注）魂を見ることを欲する、ある者たちはしばらく使った後で、ある者たちはただちに。この欲望がどの程度速《すみや》かに侵入してくるかによって、玩具がどれほど長生きするかが決る。私は子供のこの

奇癖《マニア》をとがめ立てする勇気が自分の心に感じられない。これは最初の形而上学的傾向の一つなのだ。この欲望が子供の脳の髄に入りこんでしまうと、それは子供の指と爪とを、独特な敏捷さと力で満す。子供は自分の玩具を裏返し、また引っくり返し、引っ掻いてみたり、揺ってみたり、壁にぶつけてみたり、床に投げてみたりする。時々、機械的な運動をまたやらせてみる、時としては逆の方向に。驚異的な生命が停止してしまう。子供は、テュイルリー宮を攻囲する民衆のように、最後の努力をこころみる。ついに子供は玩具を半ば開いてみるのだ、なんといっても自分の方が強い。だが魂はどこにある？　ここのところから茫然自失と悲しみが始まるのだ(23)。

ロダンが花子の裸体のデッサンを試みている間に、久保田がこの論文を読むのは、花子がロダンにとって〈おもちゃ〉であるかもしれない、ということを示唆しているのだろうか。ここで、久保田が「おもちゃの形而上学」を読み終えてからロダンの最後の言葉――この小説の結び――までを見てゆくことにしたい。

其時戸をこつ〳〵と叩く音がして、戸が開いた。ロダンが白髪頭をのぞけた。

「許して下さい。退屈したでせう。」

「いゝえ、ボオドレエルを読んでゐました」と云ひながら、久保田は為事場に出て来た。

花子はもうちやんと支度をしてゐる。

卓の上には esquisses《エスキス》 が二枚出来てゐる。

「ボオドレエルの何を読みましたか。」

「おもちやの形而上学です。」

「人の体も形が形として面白いのではありません。霊の鏡です。形の上に透き徹つて見える内の焔が面白いのです。」

久保田が遠慮げにエスキスを見ると、ロダンは云つた。「粗いから分かりますまい。」

暫くして又云つた。「マドモアセユは実に美しい体を持つてゐます。脂肪は少しもない。筋肉は一つ〳〵浮いてゐる。Foxterriers《フオツクステリエエ》 の筋肉のやうです。腱がしつかりしてゐて太いので、関節の大さが手足の大さと同じになつてゐます。足一本でいつまでも立つてゐて、も一つの足を直角に伸ばしてゐられる位、丈夫なのです。丁度地に根を深く卸してゐる木のやうなのですね。肩と腰の闊い地中海の type《チイプ》 とも違ふ。腰ばかり闊くて、肩の狭い北ヨオロッパのチイプとも違ふ。強さの美ですね。」[24]

鷗外描くロダンは、右のごとく、花子は魂のないおもちゃではない、その身体から透きとおって見える内の焔に自分は興味を持つのだと語っている。しかし、繰り返すが、そのような花子の「内の焔」——花子という女性の人格、精神——が、果たして、この小説に描かれているかどうかは疑問である。花子の人物像らしきものが、かろうじて現れるのは「きさくに、さっぱりと」裸になると答える場面と、久保田が書籍室から出て来ると、もう支度を済ませているという場面だけであろう。『花子』においては「生命的力の美は内なる『霊』との関係で精神的な美にまで昇華されている[25]」という意見もあり、うなずけるものもあるが、それよりも、鷗外はこの作品の花子を、特別個性的に造形したくなかったのではないだろうか。

そもそも、本当のロダンはどのような文脈で花子の身体について語ったのか、ここで、そのロダンの実際の言葉も見ておくことにしたい。鷗外は *Berliner Tageblatt* というドイツの新聞の文芸欄に何回かにわたって連載された、ポール・グゼル筆録の『ロダンの言葉』（原書は一九一一年にパリで刊行されているが、その前に部分的に独訳されて新聞に載った）

の一部を『花子』の材料としたらしい[26]。左は高村光太郎による同箇所（「女の美（第六章）」）の、仏語からの翻訳であり、一部は「花子が見たロダンとロダンが見た花子」（六〇頁）で、すでに紹介しているものである。

今日とても全く同じ女（ギリシアの女たちと——引用者注）がいます。おもに南方ヨーロッパの女ですね。たとえば、近代のイタリアの女、彼らはフィディアスのモデルと同じ地中海型を持っています。この型の主要な性格としては肩と骨盤との広さが同じです。（……）地中海型の外に、また北国型がある。フランスの女の中にもたくさんこれがある。ドイツ人種やスラヴ人種の女もそうです。この型では、骨盤がひどく発達していて肩の方が狭い。（……）

本当を言うと、あらゆる人類、あらゆる人種はみなそれぞれの美を持っているのです。それを発見しさえすればいい。

私は近頃王様といっしょにパリに来たカムボジアの小さな踊り子を無限の喜びを感じながら描きました。あの細長い手足の繊細な姿勢は異様な不思議な誘惑を持っていました。

日本の女優のハナ子を試作した事があります。この女にはまるで脂肪がない。彼女の筋肉は、フォクステリアと呼ぶ小さい犬の筋肉のように、はっきりと見えて出ています。その腱の強い事といったらその附着している関節の大きさが四肢の関節と同じくらいなのです。彼女の強壮な事は、一方の脚を直角に前方へ上げて一本の脚だけで自分の好きなだけ長く立っていられるのです。まるで木のように地面へ根を張っているようです。ですから彼女はヨーロッパ人の解剖組織とは全然違うものを持っているのです。それでいてその奇妙な力の中に立派な美があります。

要するに、美は到るところにあります。美がわれわれに背くのではなくて、われわれの眼が美を認めそこなうのです。

美とは、性格と表現とです。（……）

人体こそ、わけても魂の鏡です。そしてまたそれ故にこそ最大の美が存するのです。（……）われわれが人体に讃美するところのものは、いかに形は美しくともそれより以上のものです。透き通してそれを照りかがやかせるかと見える内面の火です。(27)

ここでロダンが語っている花子の身体の美は、決して一般的な東洋人、日本人の典型とはいえない。それは、旅役者や芸者としての訓練をとおして鍛えられた特別な身体の美であり、花子「個人」のものである。しかし、人種による違いの説明の流れで語られたので、そこで図らずも「日本人」の例となってしまったのだ。これが、ロダン本人がものした文章ではなく、彼の話を、グゼルが書き留めたものであることを忘れてはならないだろう。ロダンの話題は、西洋人の「人種」による骨格等の違いから、非西洋人の美へと移っていき、最後は内面を映すものとしての「人体」すべてを讃美して終わっている。つまり、「人、皆それぞれの美を持っている」というのが、ここでロダンが最も述べたかったことであろう。

しかし、鷗外の小説『花子』の場合、花子の美についてのロダンの言葉で結ばれるのである。こうした差異について、山根弘子は以下のように述べている。

グゼルの記述(ロダンの言葉——引用者注)が、様々な人種の美の多様性を論じるかに見えて、どの人種でも人間の身体＝「内面」には美があるという人間の普遍的な共通性に回収するのとは対照的に、「花子」では、一人の女性の閲歴——身体に刻みこまれた、いわば身体の経験——をすかし見るロダンの視線によって、人間という抽

象的な範疇や日本人あるいは東洋人といった類型では捉えられない、花子の美の個別性が浮かび上がっているのである。(28)

（グゼルが筆録した）ロダンの実際の言葉において花子の美は、どのような人間の身体＝内面にも美があるという文脈の中で語られている、という指摘には同意するが、鷗外の『花子』では「日本人あるいは東洋人といった類型では捉えられない、花子の美の個別性が浮かび上がっている」という見解はどうであろうか。逆に、そうした花子個人の美が、日本人という人種の美の話にすり替わっているのではないだろうか。

志賀直哉がはらはらしながら『花子』を読み、最後のロダンの言葉で安堵《あんど》したのは、「日本人」である花子が褒められたからであり、それが「日本人」の評価に直結すると思ったからである。そして、そのように読まれたのは、恐らく鷗外の目論みどおりだったのではないだろうか。作品内でことさら花子の過去や人物像を描かないのも、花子個人よりも、彼女が「日本人」であるということに、読者の意識を向けさせるためであるように感じられてならない。

実際そうした工夫や操作は、作品のあちこちに見て取れる。初めの方の「どの人種にも美しい処がある、それを見附ける人の目次第で美しい処があると信じてゐるロダン」という描写もそうであるし、男女の日本人（久保田と花子）が際立って小さく見える、大きくはない興行師の耳まででしかない、という描写、そしてもちろん、久保田の心情を説明した「日本の女としてロダンに紹介するには、も少し立派な女が欲しかつたと思つたのである」という描写などがそれである。そして、最後に駄目押しとして、ロダンの元の言葉を並べ換え、「日本人」以外の人種との違いを強調して、「日本人」花子の美を、強さの美と断じ小説を閉じる（よってその見解に対する反論は全く許されない）――。鷗外の巧みな誘導により、花子は花子という個人ではなく、いつの間にか「日本の女」「日本人」の代表となってしまっている。

何よりも興味深いのは、それが、海外における実際の花子の立場をよく表している点である。海外に飛び出す日本俳優が少数であったこの時代、花子は国際舞台において明らかに「日本俳優」そして「日本人」を代表していたのである。実際のロダンが「あらゆる人類、あらゆる人種は皆それぞれの美を持っている」という文脈で、花子の美について言及しているのも、そのようなわけによるのだろう。彼女独自の美について語っていながら、それは、日本人という人種の例となってしまっているのである。意識的にそうしているのかどうかのみが、ロダンと鷗外の違いなのではないか。

芸や技術は花子個人のものでも、日本人であるがゆえに、その評価はたちまち日本演劇、日本への評価へとつながってしまう。海外で暮らした経験のある鷗外は、彼の地にあった時、自らも常に同様のプレッシャーにさらされていたことだろう。鷗外は実際の花子の経歴は詳しく知らなかったであろうが、彼女がどのような状況で日々舞台に立っているか、容易に想像できたに違いない。

こうして改めて『花子』を読み直すと、それは、花子が背負った「日本の代表」という重荷が示された作品のように見えてしまう。そして、そこには「花子がその重荷を背負えるだけの人物であって欲しい」という、鷗外の思いも込められているように感じられるのである。花子が果たしてそうした期待に応えられる人であったかどうかも、これから確かめてゆくことにしたい。

第四章　各国の舞台に立つマダム花子　一九〇七―一九一二年

二度のアメリカ公演

花子はロダンのモデルを務めながら半年ほどパリに滞在し、パリ近郊の小さな街々で公演を打ったのち、南仏へと旅立った。ニースなどで上演したのち、モナコのモンテカルロ地区へ行き、スイスでも公演をおこなってから、またパリに戻って興行をした後、遠く海を渡って、初めてニューヨークの舞台に立つ。一九〇七年一〇月のことである。

花子は、この第一回目のアメリカ公演について以下のように語っている。

此の時（パリの劇場に出ていた時――引用者注）に紐育市の俳優デイリイさんが私の劇を見て自分の劇場へ懸けて見たいとのことで、今度は海を渡つて亜米利加への初興行に往きましたが紐育の一番有名なホテルの一等室から、毎日テアタア、デイリイへ通ひました。然うして二ヶ月の後《のち》は再び欧羅巴行の大西洋の汽船の一等室に居りました(1)

この記述から分かるのは、花子一座のアメリカ公演が実現したのは、ニューヨークの俳優「デイリイ」の招きによるものであるということと、アメリカ滞在は二ヵ月に及んだということである。「紐育の一番有名なホテルの一等室」から劇場に通ったというくだりや、公演終了後には「汽船の一等室」でヨーロッパに戻ったという説明は、舞台の成功を匂わせているが、実際はどうであったのだろうか。

一九〇七年一〇月九日付の『ワシントン・ポスト The Washington Post』は、「日本の女優が上陸　マダム花子　ニューヨークで三〇週演じる（Japanese Actress Lands. Mme. Hanako to Play Season of Thirty Weeks in New York.）」という標題で、以下のように花子のアメリカ到着の模様を伝えている。

今朝（一九〇七年一〇月八日——引用者注）波止場に着いた汽船ポッツダムには風変わ

りな一行が乗船していた。それは、著名な日本の悲劇女優・マダム花子と同国人の一座である。彼らはバークレー劇場で、このシーズン三〇週を演じることになっている。役者たちの優美な民族衣装の独特な色とデザインには関心をそそられる。一行で最も魅力的なのはマダム花子で、身長は四フィートもない。体重は七〇ポンドである。この新奇な一座は、パリでの六ヵ月の公演を終えたばかりで、同地では封建時代の日本の芝居を自国語で演じていた。海外の劇評家たちによると、マダム花子はベルナールの巧みな演技力とドゥーゼの喜劇的センスを併せ持っているとのことである。

「三〇週」というと、約七ヵ月であるが、花子は一九〇七年の末にはパリに戻っているようなので、実際のアメリカ滞在期間は二ヵ月程度であったのではないか。欧米では珍しくないが、何らかの事情により公演期間が短くなったか、あるいは花子自身が早めに引き揚げた可能性も考えられる。花子の身長が四フィートもなく、体重は七〇ポンドと説明されているが、約一二二センチ、約三二キロということになるので、体重は大体そのとおりだが、身長は一四センチほども低く紹介されている。そのくらい小さく見えたのだろうか。

「マダム花子はベルナールの巧みな演技力とドゥーゼの喜劇的センスを併せ持ってい

る」というのは、非常に興味深い表現で、花子は他の新聞等においても、しばしば「日本のベルナール」「日本のドゥーゼ」と称されている。サラ・ベルナール Sarah Bernhardt（一八四四～一九二三）はフランスの女優、エレオノラ・ドゥーゼ Eleonora Duse（一八五八～一九二四）はイタリアの女優で、共に当時、世界的に活躍し名声を博していた大スターである。

花子一座のアメリカ公演が実現した経緯については、見出し不明、誌名不明、年月日不明ではあるが、ニューヨーク公共図書館パフォーミングアーツ図書館所蔵の記事（一九〇七年秋頃のものではないかと推察される）では、以下のように説明されている。

ロサンゼルスで公演をおこなっているアーノルド・デイリーが、現在パリで公演をしている日本の悲劇女優マダム花子を連れてくることになっている。彼はニューヨークにおける次シーズンの新しい企画への参加を彼女に依頼した。デイリーは語る：「マダム花子は喜劇、悲劇、メロドラマを含めた六つのお気に入りの芝居を上演する。私たちは五週間ごとにプログラムを変えるので、彼女は三〇週間出演する。私自身は毎晩二つの芝居に出て、マダム花子は一つの芝居に出演する。彼女は自身の一座を連れてくる。自分としては、花子は、（サラ）ベルナールやエレオノラ・ドゥーゼと同じレベルの一流の女優だと思う」。

花子が「紐育市の俳優デイリイさん」と呼んだのは、アーノルド・デイリー Arnold Daly（一八七五〜一九二七）のことであり、そのデイリーの依頼により、三〇週間出演する予定で花子一座は渡米したのである。つまり、花子の語る第一回アメリカ公演実現の経緯に記憶違いはなかったわけであった。デイリーも花子の女優としての力量を語るのに、ベルナール、ドゥーゼ二大女優の名を引き合いに出しているが、これは、アメリカでは初お目見えの花子への関心をそそる、良い宣伝となったことだろう。実際、港からニューヨークに移動するやいなや、花子はさっそく、取材会場でインタビューを受けたのである。

まず、そんなに小さい足でどうやってここまで来たのかと、からかわれ気味に問われ「歩きません。人力車で来ました。No walk — jinrik(i)sha」と生真面目に説明し（実際は車で来たらしい——筆者注）、夜のブロードウエイはパリのブールヴァールと比べてどうかと尋ねられると「ブロードウエイの方がいいですね Broad-way — much better」と答えている[2]。

これは、通訳をとおしてではなく、花子自身が自ら英語でそう答えたのではないだろうか。ロダンともその親交が深まるにつれ、フランス語でちょっとした会話もできるようになった努力家の彼女であるから、この頃から英語も少々話せるようになっていたと思われる。

彼女は、現地の舞台を観たり、美術館に足を運んだりして自らの見聞を広めることにも熱心で、さっそくブロードウエイの劇場に行き、ショーを見物したらしい。その時の模様を、一九〇七年一〇月一二日付の『ニューヨーク・テレグラフ New York Telegraph』は「手ごわい観客（A Tough Audience)」という標題で以下のように紹介している。

マダム花子は、ただじっと座っていた。ショーの間中、彼女は顔の筋肉ひとつ動かさなかった。（……）ブロードウエイで最も格好の良い三六対の脚をもってしても、彼女を満足させられなかったのである。

そのような花子の様子は「私をニコリとさせたかったら、そうしてみなさい」という手ごわいものだったと評されているのだが、これは単に身じろぎもせず、真剣に舞台を観ていただけだったのではないだろうか。

勤勉な花子は、ちょうどその頃ニューヨークで上演されていたプッチーニのオペラ『蝶々夫人 Madama Butterfly』もすでにパリで観ており、(3)『ニューヨーク・タイムズ The New York Times』のインタビュアーに意見を求められると「音楽は好きですが、あそこに日本人は少しも描かれていません」と興味深いコメントをしている。(4)アメリカ人の男性に捨てられ、誇りを守るため命を絶つ蝶々夫人と、自らが舞台で演じているヒロインは違うと言いたかったのであろうか。花子がイタリア語を話せて歌えれば、『蝶々夫人』のプロデューサーは彼女に主演を依頼するのではなかろうかと、インタビュアーは想像しているが、当の花子は「あんな役など」と思っていたようである。

いずれにしろ、こうした紹介記事により、花子の舞台はアメリカ各地の人々の関心を引いたようで、一九〇七年一〇月三一日付の『ボストン・インダストリアル Boston Industrial』は、「マダム花子の日本の演技 (Mme. Hanako's Japanese Acting)」という標題で、花子の舞台の模様を大きく紹介している。

数人の読者から、マダム花子と彼女が演じている日本の芝居の詳細を教えて欲しいというリクエストがあったので、『ドラマティック・ミラー Dramatic Mirror』の最新号を引用して伝えることにしたというものである。花子の演技——特に名高い死の演技——が真に迫る様子で以下のように描写されている。『受難者』で花子演じる娘が、恋人を兄に殺された直後の場面であると思われる。

死んで横たわった恋人のそばに娘は駆け寄る。そして、苦悩に満ちたひきつった顔を上げ、兄のところに走り、彼からナイフを奪う。恐怖に震え、怯えた子供のようなかすかな泣き声を出しながら、彼女は白く柔らかい着物のひだに、その長いナイフを刺し込む。ためらい、再び泣き声を出す。ゆっくりと回転させるような動きで、刀身は彼女の腹に深く突き刺さったように見える。彼女の着物のひだの扱いはなかなかのものであり、やがて血がゆっくりと流れ出す。観客は何も考えられず、ただ息を詰めて舞台を見つめるだけである。彼らは、娘の白く小さなのっぺりした顔の上に、人知を超えた苦悩が描き出されるのを目の当たりにしているのだ。彼女のその黒い瞳がどんよりとし、上へ上がっていって白眼がむき出しになる。恐ろしい。顔の筋肉がひきつる。どのような技を使っているのか、明るい赤色であった唇が、紫色になってゆく。唇は生気を失って固く引き結ばれる。まぶたがゆっくりと落ちてゆく。そして、その小さな身体は、ドサリと恋人の亡骸の傍らに倒れたのであった。

静まり返った劇場で、観客が固唾《かたず》を呑んで舞台上の花子の一挙一動を見守っている様子が目に浮かぶようである。花子の死の表現は、ロダンを魅了し、彼はその表情を彫刻に残そうと力を尽くしたが、ニューヨークの観客もロダンと同じように、花子の鬼気迫る演技に心を奪われたのであろう。右の描写からは、花子がいかに一つ一つの表現を大事にしながら、総体的に「死にゆく女性の姿」を見せていたかということが伝わってくる。「彼女の着物のひだの扱いはなかなかのものであり、やがて血がゆっくりと流れ出す」というのは、花子が着物の中に隠した血糊を、さりげなく本物のように流したことを言っているのであろう。

こうして一般の観客に注目されただけでなく、アメリカの芸術家たちも花子に強く惹かれたようで、画家のユージーン・ポール・ウルマン Eugene Paul Ullman（一八七七〜一九五三）やベン・アリ・ハギン Ben Ali Haggin（一八八二〜一九五一）がそれぞれ魅力的な花子の人物画を描いている。

ウルマンによる人物画は、今まで紹介されたことのない、非常に美しい花子の絵姿であ

ベン・アリ・ハギンによる花子の人物画（*The Metropolitan Magazine*, 1908 年 5 月）ニューヨーク公共図書館パフォーミングアーツ図書館所蔵

ユージーン・ポール・ウルマンによる花子の人物画（*The Burr McIntosh Monthly*, 1908 年 3 月）ニューヨーク公共図書館パフォーミングアーツ図書館所蔵

る。現在、原物はニューヨークのギルドホール Guild Hall が所蔵していることが、確認できている。[5] 作品のタイトルは「日本女優・マダム花子の人物画 Portrait of Madame Hanako, the Japanese Actress」で、その小ささが誇張されることの多かった花子が、ここでは八頭身のスラリとした美女として描かれている。その意味でも注目すべき珍しい作品といえる。

ハギンによる人物画も、これまでその存在が全く知られていなかったものである。オリジナルの所在も含めて、今後詳しい調査・研究が必要とされるものであろう。ウルマンと全く異なったタッチのもので、何となく岸田劉生《りゅうせい》（一八九一〜一九二九）の「麗子像」を彷彿とさせるが、画家が東洋人である花子に抱いたアンビバレントな感情が、よく表れているように感じられる。ウルマンの人物画と比べると、顔や頭がかなり大きく描かれており、身体と顔の向きこそ異なっているが、花子の着物や花かんざし、扇などは、ほぼ同じように見える。そのことから判断するに、これは、記者会見時に現れた花子の姿を描いたものなのではないだろうか。その時のスケッチを、人物画としてそれぞれが完成させたもののように思われるのである。二人の新進画家による競作であった可能性が考えられるわけだが、いずれにしろ、ハギンのこの印象深い花子の人物画は、高く評価され、のちに最も注目される彼の代表作の一つとなったのである。[6]

「背中さえ語る」と称された花子の後ろ姿（*Current Literature*, 1907年12月）ニューヨーク公共図書館パフォーミングアーツ図書館所蔵

　また、こうした若い画家たちだけではなく、著名詩人のエドウィン・マーカム Edwin Markham（一八五二〜一九四〇）[7] も花子の舞台に感銘を受け、「彼女の背中さえ語る」と、

その表現力の豊かさに惜しみない賛辞を贈っている。

しかしながら、劇評の中にはかなり辛めのものも見受けられる。この時、花子一座は『受難者』『日本の貴婦人 A Japanese Lady』、『吉原 Yoshiwara (Joshiwara)』の三作品を日替わりで演じたようであるが、まず『受難者』は以下のように批評されている。

男優二人の顔は、穏やかな時はゴリラのように醜く、興奮している時は悪魔のように恐ろしい。そのような顔を東洋の扇や壺、屏風で見たことがある。悪夢の中でも見たことを思い出す。こうして生きた顔を見るとは思いもしなかった[8]。

一座の主演悲劇女優の花子は、大変魅力的であるはずの美人の役を演じるが、彼女のちっぽけなサイズが普通の女性ほどにならない限りは見苦しいばかりだ[9]。

演技についてというよりも、俳優たちの容貌についての批評である点が興味深い。花子が小さいことも、ここでは何のアピールにもなっていないようである。他の記事でも「ここアメリカでは、ある程度の身長がない俳優は、悲劇にはふさわしくないと見なされている」[10]とあり、小柄なことは、悲劇を演じるのに不利に働いたらしい。

では、コメディーはどうであったかというと、『日本の貴婦人』でも以下のような劇評が見受けられる。タイトルこそ『日本の貴婦人』となっているが、内容は『おたけ』と同様である。ただし、作者はW.Shikoとされている。[11]アメリカ人であるロイ・フラーの作品というのを表に出さないことにしたのだろう。花子演じる女中が、女主人の化粧道具を勝手に使って化粧をする場面は、以下のように批判されている。

彼女の演技は下品な女中そのものだ。顔や首の汚れをふき取るために唾を使うなど、女優ではなくコメディアンがやることではないか。いや、そのような演技はニューヨークのほとんどのバラエティー・シアターでも受け入れられないだろう。しかしながら、観客は彼女の演技に感心しているようだ。実のところ、大道芸のおどけた猿の芸の方がマシなのではないか。[12]

恐らくこの劇評家は、ずっとしかめ面をしながら舞台を眺めていたことだろう。周りの観客が笑っていることにも腹を立てていたのではないか。花子の演技を全く受け付けなかったのだと思われる。

『吉原』は、ロイ・フラーが自伝の中で言及している『吉原のドラマ（A Drama at Yoshiwara)』のことと思われるが、一九〇七年一二月一日付の『シカゴ・デイリー・トリビューン Chicago Daily Tribune』によると、次のような芝居であった。

今から数百年前の江戸時代、吉原の遊郭がその舞台である。花魁のムラサキとその恋人ダンポが一緒にいるところへ、武士のサンザが以前一度ここで会った女性を探しにくる。その女性はおらず、サンザをもてなすために、ムラサキの唄でダンポと少女オトヨが踊る。サンザが金を持っていることに気付いたムラサキは、ダンポに合図し、サンザの飲む酒に毒を盛らせて殺し、金を盗む。オトヨはサンザを憐れんで解毒剤を与え、サンザは甦るが、ムラサキはその事に怒りオトヨを殺す。サンザとダンポは刀で争い、ダンポが殺される。ムラサキは恋人の遺体にすがりつくが、サンザに絞殺される――。

この非常にむごたらしい舞台のキャストは以下のようなものであった。

サンザ：ミスター・サトウ
ダンポ：ミスター・ヤマオカ

ムラサキ：マダム・ハナコ
オトヨ：ミス・オハル[13]

作者はA.Nanzauとなっているが、[14] これも、アメリカ人のロイ・フラー作というのでは興ざめするので、日本人らしい名前をもって作者としたのだろう。この四〇分ばかりの上演時間で、アッという間に四人の登場人物のうち三人が死んでしまう、異様に死亡率の高い芝居は次のように見られている。

これらの役者による早口の日本語の台詞は、猿の不明瞭な鳴き声のようである。解釈を助けるようなリズムも抑揚も強調もないのである。しかし、顔の芝居や身振りが生き生きとしているので、耳は無理でも目によって話の筋を追うことができる。[15]

外国語なのだから、理解できなくても当然であるのに、まるで日本語という言語がおかしいかのように非難し、それを猿の鳴き声にたとえているのである。
恐らく「日本人」をどう見るかということが、劇評にも影響を及ぼしているのであろう。

エキゾチシズムというのは、微妙なもので、同じ対象が、肯定的に捉えられれば、「珍しく」「魅力的で」「美しい」ものになり、否定的に捉えられれば、「奇妙で」「不気味な」「醜い」ものになり得るのだろう。コインの表と裏のようなものともいえるかもしれない。いつ、裏ばかり出るようになってしまうか分からない、あやういバランスの上に、花子一座の人気は成り立っていたのである。先程のベン・アリ・ハギンの花子の人物画を、もう一度よく眺めていただきたい。美しくも不気味にも見えるようではないか。

第一回アメリカ公演は、すべての国が自分とその舞台を好意的に見てくれるわけではないという、当然のことを花子に思い知らせたのではないだろうか。エキゾチシズムが〝違い〟に惹かれる心的傾向であることを考えると、それが差別と結びつく可能性があることは、容易に想像がつく。

実際、花子はこのアメリカ滞在において、不快な経験をしている。一九〇八年（出版月不明）の『ボヘミアン Bohemian』に掲載された「予期せぬ返事（The Reply Unexpected）」という標題の記事を要約すると、次のようなことがあったのである。

悪ふざけが好きなことで有名なアメリカの俳優が花子に会い、保存状態の良い古い中国の戯曲を所持しているので、内容に関して意見が聞きたい、また、興味があれば上演してもらいたいと彼女に持ちかけた。花子はとても喜んだ。俳優は、中国人の経営する洗濯屋に行き、そこの帳簿を譲ってもらって、それを花子に送り、彼女がどのような反応を示すか待った。やがて届いた花子からの返事は次のようなものであった。

「戯曲をお送りいただき、ありがとうございます。けれど、何か手違いがあったのではないでしょうか。これは、ご両親の日記か何かではありませんか。大切なものでしょうから、ここに謹んでお返し申し上げます。敬具　花子」——。

恐らく、悪ふざけ好きな俳優は、何月何日、パンツ一〇枚、シャツ一〇枚、シーツ五枚、合計いくら、などと延々と記されているだけの帳面を見て花子が「無礼だ」と怒るか、あるいは、「これは戯曲には見えませんが何でしょうか」と真面目に聞いてくるかすることを予期していたのではないだろうか。それを、花子は見事な機知をもって返したのである。

この対処法には今でも学べる部分が多くあるのではないか。こうした人を小ばかにした扱いを受けた時には、正面を切って対応しない方がいいのである。花子という女性の面白いところは、幼い子供のような見た目でありながら、その実、スマートな対応のできる切れ者のビジネスパーソンであり、そのことにより、しばしば欧米の人々の予想を裏切っている点である。こうしたギャップも「マダム花子」を特徴づけているといえよう。

インタビューに答える花子（*The New York Times,* 1907 年 10 月 27 日）ニューヨーク公共図書館所蔵

舞台上の花子（*The New York Times,* 1907 年 10 月 27 日）ニューヨーク公共図書館所蔵

一九〇七年一〇月二七日付の『ニューヨーク・タイムズ The New York Times』は、力強い演技をする舞台上の花子と、優雅にインタビューに答える花子の絵の両方を掲載している。そのあまりの違いに「とても同じ人物とは思えない」と、記者たちも驚いたのではないだろうか。ロダンが、にらんでいる舞台上の花子だけでなく、素に戻った花子をも彫刻に捉えようとしたのも、そのギャップが花子の魅力だと気付いたからではないか。

ところで、ニューヨークで花子が出演した劇場は、先の記事においては「バークレー劇場」、花子の回想録においては、「テアタア、デイリイ」とされているが、バークレー・ライシアム・シアター Berkeley Lyceum Theatre とも呼ばれている。ほとんどの場合「バークレー・シアター」と記述されており、広告でも同様なのだが、次の記事のようにきちんと「ライシアム」が入っているものもある。

マダム花子　バークレー・ライシアムに出演するために、アーノルド・デイリーによってこの国に招かれた日本女優である。彼女の珍しく魅力的な公演は、深く強い印象を与えた。彼女はパリとロンドンでも大成功をおさめている。(16)

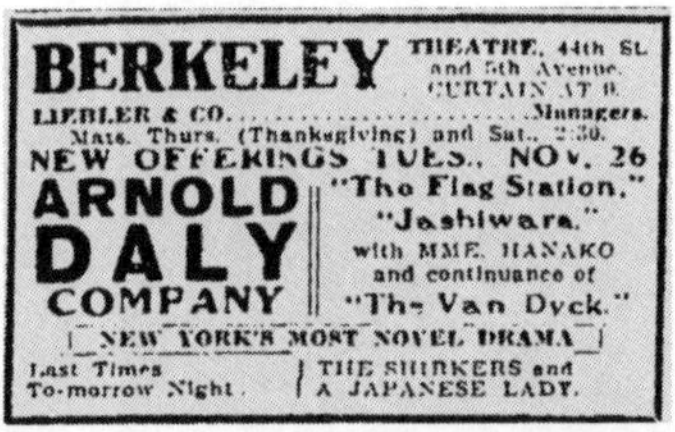

花子出演の広告（*New York Tribune,* 1907 年 11 月 24 日）ニューヨーク公共図書館所蔵

かつて川上音二郎・貞奴夫妻も出演したバークレー・ライシアム(17)は、座席数四四六の劇場で、5th Avenue 44th Street に位置していた。現在その場所には、「バークレー・ビルディング」が建っており、内部に飾られたプレートが、かつての劇場の姿を伝えるのみである。花子は、当時ブロードウエイにあった高級ホテル、アスター Astor に宿泊して劇場に通ったようである。

花子は、この一九〇四年創業の近代的ホテルの滞在を満喫し、電動式のベルを鳴らしたり、電気をつけたり、エレベーターの仕組みを調べたり、地下の厨房に入り込んだりと、思う存分、内部の探検を楽しんだようである。[18] 花子はかなり好奇心が強く、活動的な女性であったのだろう。注目されている人気女優だからといって、おとなしく部屋にこもっているようなことはなかったのである。

花子一座は一九〇七年一二月初頭にニューヨークを去り、パリへと向かう。一九〇七年一二月三日付の『ニューヨーク・トリビューン New York Tribune』が、一座がバークレー・ライシアム劇場での公演を終えたことを伝えているが、七ヵ月の契約が二ヵ月になった理由に関しては、はっきりとは分からない。演じたのも『受難者』『日本の貴婦人（『おたけ』）』『吉原』と三作品で、当初デイリーが語っていた六作品ではない。

さらには、花子の回想録によると「行く時五人の俳優は三人しか居りません。其《そ》れはお徳さんが、一座の諸岡と云ふ人と汽船へ乗込む前の晩に出奔して了《しま》つたからです」という状況に陥っていたらしい。[19] この話を裏付けるように、一九〇七年一二月五日付の『ニ

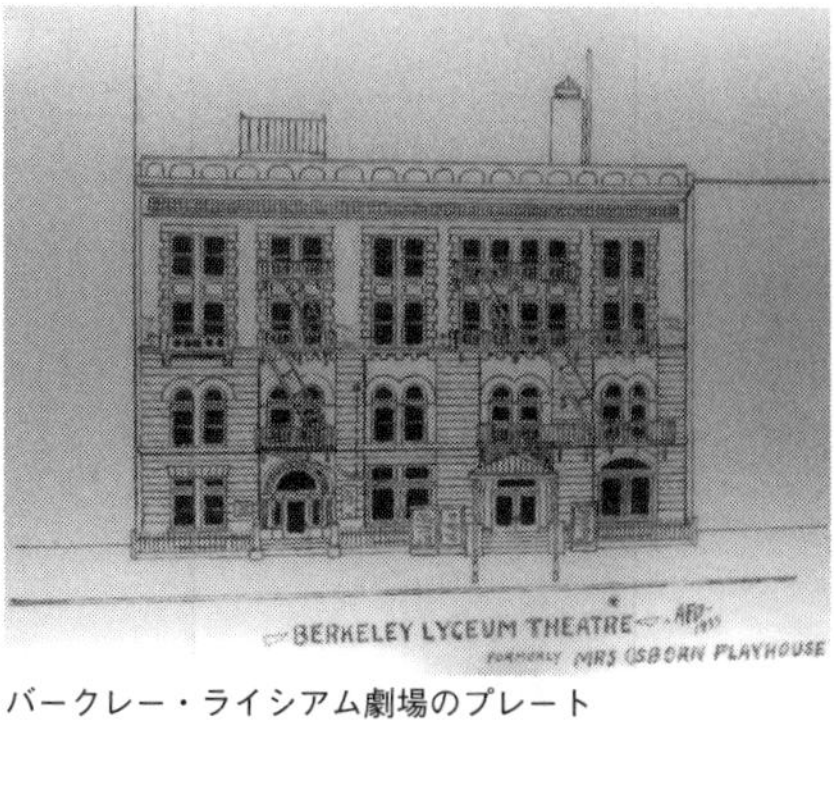

バークレー・ライシアム劇場のプレート

花子と佐藤「おたけ」の舞台と思われる（*Vogue,* 1907年10月31日）ニューヨーク公共図書館所蔵

ユーヨーク・テレグラフ New York Telegraph』は、「マダム花子一座の日本人の逃走（Flight of Madame Hanako's Japs）」という標題で、一座のメンバー二人が駆け落ちしてしまったことを伝えている。

かなり長文の記事なので内容を要約すると、花子一座のアメリカにおける通訳であり、ロイ・フラーの代理人でもあるアメリカ人が、花子を含めた四人の俳優が滞在しているホテルを訪ねたところ、花子と佐藤という俳優は買い物に出かけており、モロカとマダムキモロは彼にお茶を出し、砂糖とミルクを持って来ると言って、裏口から逃げてしまった。二人はアメリカで日本人向けの下宿を開きたいというようなことを語っていた。花子たちを乗せた汽船が出港した折も二人の姿はなかった――というものであり、同記事は次のように締め括られている。「行方知れずになった者の特徴が布告された。モロカは『額がハゲている』。もし読者のどなたかが、そのような日本俳優を見かけることがありましたら、経営陣のためにもバークレー劇場に彼を戻してください」――。

モロカは花子の言う「諸岡」、マダムキモロは「お徳さん」ということであろう（『吉原』のキャストによると、ヤマオカが諸岡、オハルがお徳さんということになる）。マルセイユで知り合い、少人数で再編された一座で苦楽を共にしたお徳さんと花子は、こうして呆気なく別れることとなってしまった。日本人向けの下宿を開きたいと語っていたという諸岡とお徳さんは、アメリカで日本人排斥の風潮が日増しに強くなってくる中、このの ち、どう生き延びたのであろうか。実際、母国から遠く離れ、野垂れ死ぬようにして異国にその骨を埋めることになった日本人も、当時決して少なくなかったのである。

この二人の座員を失ったことは、花子にとって相当な痛手であったはずである。『ニューヨーク・テレグラフ』の記事では、ホテルには花子、諸岡、お徳さん、佐藤という四名の俳優が滞在していたとされているが、花子は行く時は五名だったと語っている。このもう一名は、花子の夫、吉川で間違いないだろう。ホテルで姿を見せなかった理由は、もしかしたら、彼が肺病に罹患していたことにあるかもしれない[20]。

肺病（肺結核）は、言うまでもなく当時の死病で、留学生なども含めたどれだけの数の日本人が、この恐ろしい病により、志半ばで倒れ、異郷の地に眠ることになったか知れない。医師により肺病という診断が下された折には、吉川も当然、できるだけ栄養のあるものを口にし、空気の良いところで養生するという、当時としては唯一の治療法を勧められたことだろう。しかし、一座の通訳兼俳優であり、文字どおり公私にわたって花子を支えてきた吉川は、あくまでも興行についていくことを望んだ。『ニューヨーク・テレグラフ』の記事にあるように、ニューヨーク公演で、ロイ・フラーの代理人が一座の通訳も兼ねていたとすると、この時、吉川の体調は思わしくなかったのかもしれない[21]。

パリへ戻った花子は、座員の不足を補うため、ロンドンに滞在していた黒須という男性とその娘を呼び寄せる[22]。彼女がどのようにしてこの親子の存在を知ったか明らかではないが、恐らく二人は、花子が出した新聞広告などを見て応募してきたのではないだろうか。あるいは、そういったことを仲介する、エージェンシーのようなものをとおしての参加であった可能性もある。

のちに花子一座に加わり、花子と行動を共にした川村[23]という男性などは、非合法でロンドンで下船した折に、日本人の集まる巣窟で、何かよい仕事はないかと探していると、花子一座が役者を募集に来たので、それに応じたとのことである。もともと一旗あげるつもりで英国商船の水夫となり、長崎と大連を往来しているうちに舵手としての腕を見込まれて、ついには英国に行くことができたので、同地でそのまま下船してしまったものであった[24]。

アメリカで姿をくらましてしまったお徳さんも、ほぼ似たような境遇であり、外国に来たものの、何らかのトラブルに巻き込まれたり、初期の目的を見失ったりして母国に戻ることもできず、彼の地でうつうつとしていた日本人がかなりおり、花子も座員の確保には事欠かなかったのではないだろうか。しかし、彼らは全くの素人であったわけであるから、一からすべてを教えなければならなかった花子の苦労は、察するに余りある。黒須親子にしても、日本で役者経験があったとは思えない。花子一座の中心は、まぎれもなく花子であり、座長である彼女の演技がしっかりしていれば、それなりに成り立つ舞台であったのだろう。いずれにしろ、花子の責任は非常に重かったといえる。

こうして新たなメンバーを加えた花子一座は、スイスの街を巡演し、オーストリアを回って南ドイツへ入り、ミュンヘンで上演してからチロルの街々を巡りながらフランスへ戻り、一九〇八年七月には、久しぶりに懐かしい英国に帰ってロンドンのヒッポドローム（英国ではバラエティー・シアターに分類された演芸場）で公演をおこなった。ロイ・フラーは、ロンドンの観客が花子のことを忘れている（あるいは知らない）ことを考慮し、前もって次のような広告を新聞に載せている。

ヒッポドローム　花子来たる
花子とは何者か？
花子は著名なロイ・フラーの後援によりヨーロッパ中の大都市において『おたけ』という作品でこの上なく巧みな演技を見せ一大センセーションを巻き起こした小柄な日本女優である　その『おたけ』をヒッポドロームで日本庭園を完全に再現する形で七月二〇日月曜より上演する(25)

こうした宣伝が功を奏したのか、このヒッポドロームでの舞台は好評を博したことが、

現在のヒッポドローム　カジノとなっている

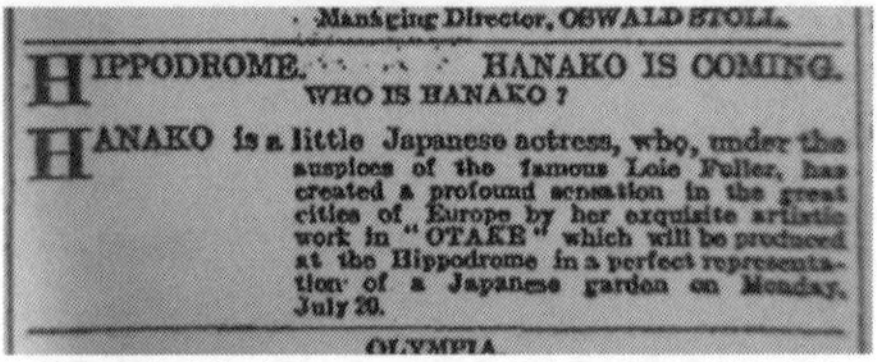
Managing Director, OSWALD STOLL.

HIPPODROME. HANAKO IS COMING.
WHO IS HANAKO ?

HANAKO is a little Japanese actress, who, under the auspices of the famous Loie Fuller, has created a profound sensation in the great cities of Europe by her exquisite artistic work in "OTAKE" which will be produced at the Hippodrome in a perfect representation of a Japanese garden on Monday, July 20.

OLYMPIA

花子の出演予告（*The Times,* 1908年7月15日）大英図書館所蔵

新聞に掲載された広告や劇評からうかがえる。たとえば、『ウィットビー・ガゼットWhitby Gazette』などは、ロイ・フラーが「してやったり」と手を打って喜びそうな「日本のロイ・フラー」という標題で、以下のような劇評を載せた。

巧みな演技をする小さな女優、マダム花子がこの月曜日に初めてロンドンのヒッポドロームに登場した。演じたのはW.Shikoとロイ・フラーによる一幕物の『おたけ』である。これは、著名なロイ・フラーによる自身の作品の改作である。彼女のコメディーは実に面白く、感情に訴える演技をする花子は称賛に値する。『おたけ』の主人公である召し使い・おたけの役で、彼女は多芸なさまを見せる。（……）西洋人たちの目にはすべてが非常に珍しく見えるだろう。東洋の生活を垣間見させてくれる。舞台背景はすばらしく、衣装も立派でとても美しい。多弁

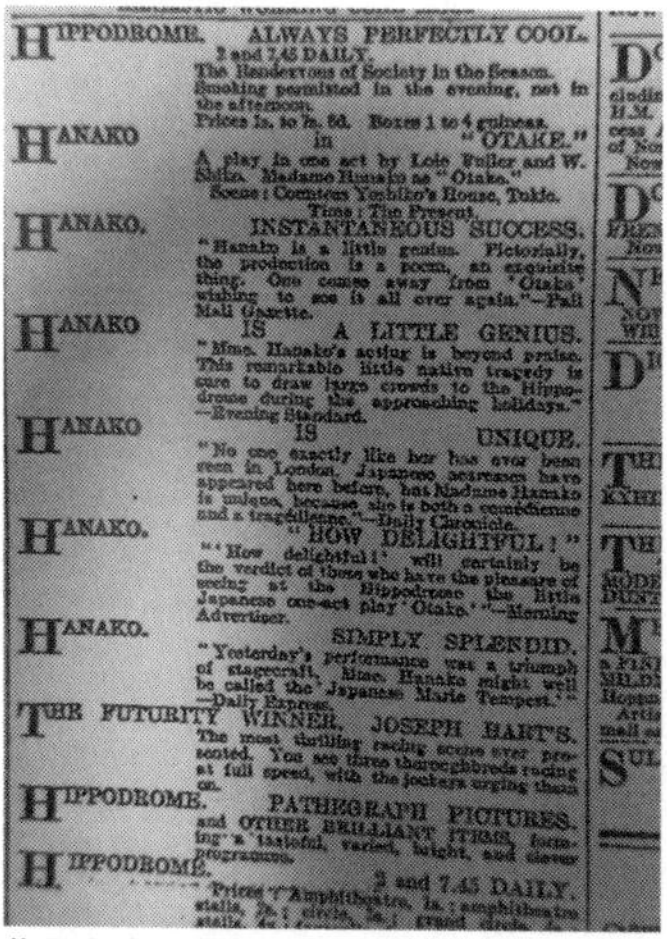

HIPPODROME. ALWAYS PERFECTLY COOL.
2 and 7.45 DAILY.
The Rendezvous of Society in the Season.
Smoking permitted in the evening, not in the afternoon.
Prices 1s. to 7s. 6d. Boxes 1 to 4 guineas.

HANAKO in "OTAKE."
A play in one act by Loie Fuller and W. Shiko. Madame Hanako as "Otake."
Scene: Comtess Yoshiko's House, Tokio.
Time: The Present.

HANAKO. INSTANTANEOUS SUCCESS.
"Hanako is a little genius. Pictorially, the production is a poem, an exquisite thing. One comes away from 'Otake' wishing to see it all over again."—Pall Mall Gazette.

HANAKO IS A LITTLE GENIUS.
"Mme. Hanako's acting is beyond praise. This remarkable little native tragedy is sure to draw large crowds to the Hippodrome during the approaching holidays."—Evening Standard.

HANAKO IS UNIQUE.
"No one exactly like her has ever been seen in London. Japanese actresses have appeared here before, but Madame Hanako is unique, because she is both a comédienne and a tragédienne."—Daily Chronicle.

HANAKO. "HOW DELIGHTFUL!"
"'How delightful!' will certainly be the verdict of those who have the pleasure of seeing at the Hippodrome the little Japanese one-act play 'Otake.'"—Morning Advertiser.

HANAKO. SIMPLY SPLENDID.
"Yesterday's performance was a triumph of stagecraft. Mme. Hanako might well be called the 'Japanese Marie Tempest.'"—Daily Express.

THE FUTURITY WINNER. JOSEPH HART'S.
The most thrilling racing scene ever presented. You see three thoroughbreds racing at full speed, with the jockeys urging them on.

HIPPODROME. PATHEGRAPH PICTURES.
and OTHER BRILLIANT ITEMS, forming a tasteful, varied, bright, and clever programme.

HIPPODROME.
2 and 7.45 DAILY.

花子出演の広告（*The Times,* 1908年7月29日）大英図書館所蔵

なフランス人も驚くほどのスピードで日本語の対話がなされるが、身振りで何を言っているかすべて分かる。様々な要素により舞台に東洋らしさが醸し出されている。すべてが理解できてリアルであり魅力的である。マダム花子はミス・マサ、ミスター・ナダヤマ、ミスター・ヨシカワ[26]らの協力に支えられている[27]。

『おたけ』の共作者となっているW.Shikoというのは、第一回アメリカ公演でも『日本の貴婦人』(内容は『おたけ』と同じ)の作者とされていたが、日本人のような響きの名前なので、作品に日本らしい「香り」を添えるために加えただけのように思われる。その意味で右の劇評家の「様々な要素により舞台に東洋らしさが醸し出されている(傍点筆者)」という観察は鋭いといえる。先にも述べたように、それは、西洋人であるロイ・フラーによって、西洋人が思い浮かべる日本を舞台化したものだったからである。そのイメージどおりにするために、すべてが周到に準備されていた。それは、舞台だけではなく客席にもいえることで、プログラムの売り子まで着物をまとって、雰囲気を盛り上げていたようである[28]。このサービスには、客も喜んだのではないだろうか。ロイ・フラーは、実に天才的なプロデューサーであったといえる。

ヒッポドロームでの公演は好評のうちに幕を閉じ、一座は再びアメリカへと航海し、一九〇九年一月にニューヨークで興行するのだが、ここで花子はついに、自らの創造主ともいえるフラーのもとを離れる選択をしたようである。花子自身はその経緯には触れておらず、この二回目のアメリカ公演については、以下のように語っているのみである。

此の亜米利加行きは大失敗でした。其れはフウラアさんの代理人が芝居の小道具や衣裳を送るのを遅延《おくれ》さし、其の為め紐育に有合せの日本衣裳や小道具でやつたのですもの無理はありません。(29)

興行がうまくいかなかったのは本当だったようであり、一九〇九年一月一六日号の『バラエティー Variety』の「輸入された出し物の打ち切り(Closed Imported Act)」という標題の以下の記事が、右の花子の言葉を裏付けている。

ウィリアム・モリス・オフィスにより我が国に呼ばれた日本女優マダム花子は、ブルックリンのフルトン劇場(Fulton Theatre)でのオープニング後、劇場経営陣により公演の取りやめを余儀なくされた。この出し物は英国のエージェンシー、シレック・アンド・ブラフ（Sherek & Braff）によって準備された。モリスの人々は、花子は舞台背景や小道具および衣装を用意していなかったと主張している。（……）花子がモリスの興行系列で公演を続けるかどうかは、ウィリアム・モリスがシカゴから戻って来るのを待って決定されることになるだろう。

つまり花子一座の第二回アメリカ公演は、花子の説明どおり、舞台背景や小道具および衣装が準備できなかったため、失敗したのである。恐らくは、興行会社のウィリアム・モリス・オフィスの代表者であるモリス氏がシカゴ出張から戻って来た後、正式に公演打ち切りとなったことだろう。

言うまでもないが、このウィリアム・モリス氏はアーツ・アンド・クラフツ運動を推進したモリスWilliam Morris（一八三四〜一八九六）とは時代的にも別人である。かなりのやり手だったようで、このウィリアム・モリス・オフィスは、なんと現在に至るまで営業を続けている。そして今や、ハリウッドで活躍する俳優やミュージシャン、著名作家を抱えるアメリカ最大級のエージェンシー（日本でいうタレント事務所）となっているのである[30]。ちなみに、これまで、坂本龍一やX JAPAN、YOSHIKI、BABYMETAL、ローラなどがこのエージェンシーと契約している（いた）ようである。花子の公演が成功していれば、彼女は彼らの誇らしい先輩となっていたことだろう。いずれにしても、花子は、国際的に活躍するアーティストの草分け的存在であるといっても良いのではないか。

花子は、ロイ・フラーの代理人が芝居の小道具や衣装を送るのが遅れたと語っているが、これは彼女の記憶違いで、この時、彼女のエージェンシーは、『バラエティー』の記事にあるように、「シレック・アンド・ブラフ」であったと推測される。契約した時期こそ前後しているが、花子は回想録の中で、以下のように語っているのである。

亜米利加から英国へ帰つて来た私達は恰度（ちょうど）フウラアさんの契約終了期限に達したのでしたから、此の後は兼ての理想通りに独立営業をやらうとしましたが、やはり馴れないで困るやうなことがあつてはと、倫敦市の劇場仲介人の中では信用と実力のあるので有名なセーリキ、ブラフ氏と一ヶ年八ヶ月間の契約を結びました。此のセーリキ、ブラフ氏は今も私の演劇仲介人です。[31]

花子が「セーリキ、ブラフ」と発音しているのは、彼女の耳にはそう聞こえたからで、これは一人の人物の名前ではない。シレック・アンド・ブラフ Sherek & Braff という、恐らくは二人の代表人物の苗字を名乗ったエージェンシーである。自身を見出してくれたロイ・フラーの次には、そのエージェンシーの力を借りて、花子は興行を続けたのである。その後、再び独立興行を目指したり、他のエージェンシーと契約を結んだりしながらも、回想録の出された一九一七年の時点で、花子は、このシレック・アンド・ブラフと再び契約していたらしい。

ちなみに、川上音二郎没後の一九一六年に貞奴が欧米行きを計画した折、力を借りようとしたのも、このシレック・アンド・ブラフであったようだ。[32] 貞奴と花子はどこまでも縁があるのである。結局その計画は立ち消えになってしまったが、実現していれば、ロンドンで同時期に花子一座と貞奴一座の舞台が見られたかもしれない。[33] いかにも残念であるが、貞奴がこのエージェンシーとの契約を望んだのは当然だったといえる。

シレック・アンド・ブラフは、当時ロンドンだけでなく、ベルリンとパリにもオフィスを持って手広く商売していた大エージェンシーであり、国際的に活躍する芸人や俳優を多く抱えていたようである。当時欧米にそうしたエージェンシーが存在していたことが、花子の長年の活動を助けたのは間違いない。新聞には、しばしばエージェンシーの広告が掲

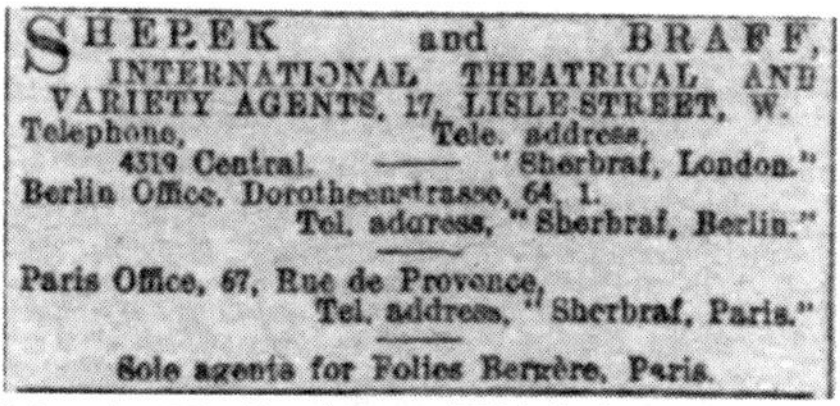
SHEREK and BRAFF,
INTERNATIONAL THEATRICAL AND VARIETY AGENTS, 17, LISLE-STREET, W.
Telephone, 4319 Central. —— Tele. address, "Sherbraf, London."
Berlin Office, Dorotheenstrasse, 64, 1.
Tel. address, "Sherbraf, Berlin."
Paris Office, 67, Rue de Provence,
Tel. address, "Sherbraf, Paris."
Sole agents for Folies Bergère, Paris.

シレック・アンド・ブラフの新聞広告（*The Era,* 1910年３月12日） 大英図書館所蔵

載されているので[34]、それを見て、花子の方からシレック・アンド・ブラフに売り込んだ可能性もあるが、彼らに契約したいと思わせるほどの人気と実力を彼女が有していたことは、確かであろう。

実際、思うようにはいかなかったかもしれないアメリカの一度目の公演でも、花子が観客を惹きつけたことは間違いなく、ユージーン・ポール・ウルマンやベン・アリ・ハギンなどの当時活躍めざましかったアメリカの画家に、その姿を描かれるほどの強い関心を持たれたことと、彼らによる花子の人物画が高い評価を得ていたことは注目に値する。

しかし、道具や衣装の手配の失敗から、二度目の興行をすぐに打ち切られてしまったことは、花子にとって、苦い経験となったことだろう。もっとも、花子はこの失敗から多くを学び、こののち細心の注意を払いながら、ヨーロッパの国々での興行を続けていくのである。

花子がこの時ロイ・フラーのもとを離れたのは、彼女から興行のノウハウや、観客の興味を引く舞台の作り方などを学びつくしたからであろう。自身のその後の人生が証明する

ことになるが、花子は非常に優れたビジネス感覚を持つ女性であった。フラーと似ている部分もあったようで、そのためにたびたび衝突したように思えてならない。フラーはそののち自らのダンスカンパニーを結成し、欧米各国を興行して回るようになるので、禍根の残らぬ、来るべくして来た別れのように思われる。フラーのもとを離れて、初めて花子は本当の意味での座長となり、自らの舞台に対して全責任を負うことになったのだといえる。

ヨーロッパでの成功

花子一座の成功には、日本という国の当時の国際舞台における立場も明らかに関係しており、一九〇五年に日本が日露戦争に勝利したのちには、各地で熱狂的に迎え入れられたようである。ことに、第一回アメリカ興行から戻り、ドイツ、チェコ、オーストリア、スイス、ブルガリア、ハンガリーなどの国々を巡演した一九〇八年、一座は驚くばかりの人気を博した。

チェコの温泉地カルロビ・バリでは、ある晩、ちょうど保養にきていたオーストリア皇帝フランツ・ヨーゼフFranz Joseph（一八三〇〜一九一六）が花子演ずる『おたけ』と『ハラキリ』を見物することとなった。皇帝が劇場に姿を見せた時、観客は起立して迎えたが、花子は役の衣装のまま、舞台の上からお辞儀をした。すると、皇帝は微笑んで答礼をしてくれた。そして、連れの若い女性をとおして、花を贈ってくれたとのことである。[35] これは花子にとって大変名誉なことで、忘れることのできぬ経験となっただけでなく、各新聞が

ヨーロッパ巡業中の花子　写真館で撮影したもの 模造の車に乗っている　岐阜県図書館所蔵

このことを書き立てたので、その地はもちろん、続く巡業地でも大入り続きとなったのである。花子たち一座は公演の予告を新聞に掲載してから、興行地に乗り込むという方法を採っていたので、こうした出来事がどれだけその後の集客の助けになったか計り知れない。オーストリアでは「ハナコ・ベネディクティン Hanako Benedictine」という、トレードマークに花子の顔を模した酒（ベネディクティンは、薬草・ハーブ系の甘いリキュール）、ベルリンでは「ハナコ」という巻き煙草が売り出されるほどの人気ぶりであったという。[36] ドイツ系

アメリカ人の作曲家ヴィルヘルム・アレッター Wilhelm Aletter（一八六七〜一九三四）の、当時様々な機会に演奏された間奏曲に「ハナコ Hanako」というタイトルのものがあるが、それも花子の舞台に刺激を受けて作曲されたものではないだろうか。

一九〇八年四月二日付の『モーニング・テレグラフ The Morning Telegraph』は、「ウィーンを魅了するマダム花子 ベルリンでの成功を繰り返す日本女優（Mme. Hanako Has Won Over Vienna. Japanese Actress Repeats Her Berlin Success）」という標題で「マダム花子は今、ローナッハのバラエティーに出演している。その反響と異口同音の好意的な劇評から判断するに、彼女はベルリンの芸術界と文学界で一ヵ月もの間、話題となった功績をしのぐ成功をおさめそうだ」という花子のベルリン、ウィーンでの成功を伝える記事を掲載している。[37] ローナッハのプログラム[38]によると、この時、花子一座が演じたのは『おたけ』で、以下のようなキャストであった。

ローナッハ

王女：ミス・マサ
王子：ミスター・クロス
召使：ミスター・サトウ
オタケ：マダム・ハナコ

役名こそ、ここでは王女、王子となっているが、これは、おたけの女主人とその恋人の役であろう。王子役のミスター・クロスは第一回目のアメリカ興行の後、新たに加わった「黒須」で、王女役のミス・マサは、黒須の娘であると思われる。この親子は、出奔した諸岡とお徳さんの穴を埋めて立派に舞台に立ち、花子を支えたようだ。

ノーベル生理学・医学賞受賞者であり、留学時代の鷗外を指導したこともあるドイツの医学者ロベルト・コッホ Robert Koch（一八四三〜一九一〇）は、一九〇八年に来日し、帰国の際、日本から伴ったお気に入りのメイドの村木清《きよ》を「Hana」と呼んで可愛がったというが（彼女は、コッホが一九一〇年に亡くなるまで何くれとなく彼の身の回りの世話をし、コッホの死後に日本に帰国したという）、これはまさに花子にちなんで付けられた愛称のようである。[39] コッホの没年に『花子』を発表した鷗外は、果たしてこのことを知っていたであろうか。Hana（ko）は、この時、魅力的な日本女性を示す名となっていたのである。当時の花子の人気のほどが知れるエピソードだといえよう。

ちなみに、二〇一八年三月に英国ナショナル・シアターで上演された、フランシス・ターンリーによる日本と北朝鮮が舞台の新作『大波 The Great Wave』[40]の主要登場人物の名前も「ハナコ Hanako」である。「日本女性といえばハナコ」というイメージが、欧米にはまだ浸透しているのではないか。

「花子」は日本を代表・象徴する名前であり続けているのである。

日本に伝えられた舞台の模様

しかし、こうした華々しい花子の成功は、母国日本では喜ばれるどころか、新聞で次のように紹介されるなどしたのである。

　ハナコ始め他の女は振袖を着て花簪《はなかんざし》を挿《さ》いて花櫛《はなぐし》を挿《さ》いて御殿女中に成つたりお姫様に成つたりして日本人が見ると冷汗を流すやうな妙な踊をやつてゐたが日本の女の

踊といふので見物はヤンヤ〱と喝采をするといふ始末、全く日本演劇の為めには不名誉な話である責《せめ》ては吉右衛門か宗十郎かの踊を見せてやりたいと思ふ程であつた(41)

当時の歌舞伎の人気役者たちと比べられては、花子もどうしようもなかったであろう。また、「分かりやすく」「とにかく観客が楽しめるように」徹したその舞台は、恐らく今の「大衆演劇」により近いものであったのではないか。花子は、「光の魔術師」とも呼ばれたロイ・フラーの影響か、時に振袖に豆電球をたくさんつけ、ピカピカ光らせながら踊ったというが(42)、これも、どことなく今の「大衆演劇」の舞台を思わせる。このサービスに欧米の観客は大喜びしたようだが、同国人は本物の「日本演劇」はこんなものではないと、憤ったかもしれない。

それよりもさらに、花子一座がある意味で、西洋が日本に抱くイメージを、率先して表現し成功している状態が、日本人には我慢ならなかったのではないか。花子一座のSelf-Orientalizationともいえる姿勢が、同胞として見るに堪えなかったのだと想像される。これは、オリエント（東洋）による了解なしの、勝手なイメージの押し付けではなく、オリエント（花子）自身が、そのイメージどおりにふるまうことを自ら選択した例なのである。

もちろん、そのイメージを舞台上で表現できるだけの技術を、花子が身につけていたからこその成功であり、きちんとしたものを見せたいという花子の心意気は、プロの歌舞伎役者に負けてはいなかったことと思われる。

また、現地の日本人新聞記者が「吉右衛門か宗十郎かの踊を見せてやりたい」と、いくら悔しがっても、実際のところ、プロの歌舞伎役者たちは、その重い腰をなかなか上げようとしなかったのである。先にも触れたが、一九一〇年に英国で日英博覧会が開催された折も、何度も検討されながらも結局、歌舞伎や新派などの上演は見送られている。海外の人々にとって、花子一座の公演を観るのは、「日本演劇」に触れられる貴重な機会なのであった。

日本の新聞の花子を揶揄《やゆ》するようなこうした記事は、無視できないほど、彼の地で花子たちが評判になっていたことの証であるともいえるだろう。

吉川の死

しかし、そのような大成功の中で、人生で最も辛い出来事が花子を襲った。これまでずっと苦楽を共にしてきた最愛の夫、吉川がついに息を引き取ったのである。

ヨーロッパを巡業中の一座がスイスのチューリヒを経て、ドイツのミュンヘンへと入った時、吉川はすでに全く舞台に立てない状態になっていた。ベルリンの病院で静養するように言っても、勝気な吉川は一座について行くといって聞かない。エージェンシー（シレック・アンド・ブラフ）との契約により、ロシアで初興行することが決まっていた花子と一座のメンバーはすっかり困り果て、ポーランドのワルシャワまではともかく一緒に向かうが、ここでついに吉川は重体に陥ってしまったのである。花子はエージェンシーに事情を説明し、ベルリンで夫を入院させた。

花子は、ロシア興行を先延ばしにし、ドイツ国内の公演を優先させ、ドレスデン、ライプチヒ、ハノーファーでの公演もすべて吉川のいるベルリンの病院から通うことにした。辛うじて少し睡眠をとるのは移動の汽車の中であった。しかし、エージェンシーがロシアの劇場とすでに結んでしまった契約は履行しなければならず、ついに花子は、ベルリンでドイツ語の雑誌を発行していた老川《おいかわ》茂信（一八八三〜一九五〇）[43]という男性に吉川の看護を頼み、ロシア興行を決行する。ロシアにおける花子の活動を調査された坂内徳明・亀山郁夫両氏によると、花子一座のこの第一回目のロシア興行は、一九〇九年の末であったよ

うである。(44)

ペテルブルグからモスクワへ、そしてさらに南下してキイフで公演し、オーストリアへ出た花子は、そこで吉川からの手紙を受け取るが、それが夫からの最後の言葉となったという。次の舞台がドイツのハノーファーだったので、虫の知らせであったのか、花子のみベルリンの病院に急行した。ところが非情にも間に合わず、吉川はその日の朝、息を引き取っていたのであった。

その晩のうちにハノーファーの舞台に立つことになっていた花子は、愛する夫の死に目に会えなかっただけでなく、ゆっくり最後の別れをすることさえ許されず、慌ただしく駅に向かわなければならなかった。それは役者という職業に就いた者の悲しい宿命であった。

「こんな自分に観客は今夜も拍手喝采をおくるのか」

花子は移動の汽車の中で泣き通したという。(45)

夫の死を乗り越えて

吉川は、花子にとって夫であっただけでなく、相談役でもあり、精神的な支えでもあった。その彼を失って、今後、どう異国で生きていけばよいのか。花子は途方にくれたに違いない。

「約束した公演はおこなわなければならない」

ただその思いだけで、毎日舞台に立ち続けたのではないか。

悲しみに耐えながら何とかドイツ巡業を終え、一座と共に本拠地である英国のロンドンへ戻った花子は、コリシーアムで公演をおこなった。一九一〇年六月のことである。コリシーアムは、当時はバラエティー・シアターに分類されていたが、現存しており、現在はイングリッシュ・ナショナル・オペラの本拠地となっている。

座席数二三五八と大きいので、登場人物の少ない花子一座の芝居には不向きだったかもしれないが、この時は『茶店 The Tea House』という作品を上演している。花子演じる芸者・ムラサキが恋人と結託して、金のために侍を毒殺しようとするが、逆に殺されてしまうと

現在のコリシーアム

いう話で[46]『吉原』とほぼ同じ内容である。この全く救いのない陰惨な芝居を、ロンドンの観客はどのように見たのであろうか。ここで劇評の一部を紹介する。

ストーリーそのものからは、マダム花子とその才気あふれる一座の魅力は伝わらない。マダム花子は、見たこともないような小さい女優であるが、気取り、優しさ、嫉妬、残忍さなどのさまざまな表現を見せ、我々を魅了する。彼女の死の場面は、死ぬ演技の手本といえる。新奇な日本演劇の一例であるということに加えて、この小さな主演女優のすばらしい才能のきらめきだけでも、一見の価値がある。[47]

やはり、ストーリーの貧しさは否めなかったようであり、その舞台をどうにか支えているのは、花子の技術と芸であった。それがなければ、たとえ本物の日本人たちが演じていたとしても、かくも長い年月、興行を続けることはできなかったであろう。英国の人々の花子への興味は、いやがうえにも高まり、彼女はたびたび、報道機関からインタビューを受けることになった。遠い異国から来た女優として当然、まずはロンドンという都市の印象を聞かれ、「すばらしいです」と答えておきながら、「でも、一つだけ欠けているものがあります」と続けて、花子は以下のように語っている。

日本には、愛敬があり、美しく、自然体の女らしい女性がいます。間違っているかもしれませんが、英国には、そういった女性がいないように見受けられます。少なくとも、日本ほどにはいないようです。若い女性は老けて見え、年配の女性は若作りに見えます。（……）日本の女性は、自分の生きてきた歳月に誇りを持っており、たとえひと月といえども年齢をいつわったりはしません。[48]

この発言は、記者たちを驚かせたようであるが、それも当然で、彼らは当たり障りのない、ほめ言葉のみを予期していたに違いない。しかも、花子は女優という、人気が命ともいえる職業に就いている者である。こうした発言が及ぼす影響についても、理解していたはずであろう。それでも、あえて右のような意見を述べているところに、花子という女性の強さがあるのではないか。指摘していることの真偽はともかくとして、[49]「西洋のすべてが日本に勝っているとは思わない」という考えを、堂々と表明しているのである。「（英国の）若い女性は老けて見え、年配の女性は若作りに見える」というくだりは、かなりのインパクトを与えたようで、『オブザーバー The Observer』などは、「今週の格言 Sayings of the Week」の一つとして、この花子の言葉を紹介している。[50]

花子の指摘は英国の女性の印象だけに留まらず、日本の民族衣装ともいえる着物の着方にまで及ぶ。

　ヨーロッパ諸国、そして、英国を訪れて特に驚いたことがあります。女性が私たちの着物を化粧着にしているのです！　もし、彼女たちが日本を訪れて、日本の女性たちが朝風呂の後や朝食時に、舞踏会で着るようなドレスを着ていたら、どう感じるでしょうか。日本の女性は頭がおかしいのではないかと思うのではないですか。たとえ着物を化粧着にするにしても、私たちがそう着ているように、せめて右前に着るべきです。（……）着物を楽しみたいのなら、正しく着るべきです。そうでないと、この風潮には感心できません。少なくとも着物の製造業者が、正しい着方を彼女たちに教えるべきではないでしょうか。[51]

当時、花子と同じようなことを感じていた在外邦人は、少なくなかったはずである。しかし、報道機関にここまではっきりと、着物を化粧着にするのはおかしい、着るならきちんと着ろと言えた人はいないだろう。また、そうした意見を述べる機会自体、持てなかったに違いない。花子は、自分以外に、この嘆かわしい風潮に物申せる者はないと思ったのではないか。花子は着物を誇りにしており、重ねる枚数を増やしたり減らしたりすることにより、暑さ寒さに対応できる便利な衣服として、その機能性を大いにアピールしてもいる。[52]そして、実際、自身も長い海外滞在中ずっと着物でとおしたのであった。現代のハリウッド映画に時々登場する着物姿の「ニッポン人」の奇妙な着付けや、もはや完全に欧米の一般人の「ガウン」と化してしまっている、ペラペラの安っぽいキモノを目にしたら、彼女はどう言うであろうか。

こうした花子の発言には、深くうなずける部分があるのだが、同時期、別の新聞に、次のように述べているのは少々残念である。

「あなたの国の女性にはひどくがっかりしています」——有名な日本女優・マダム花子はインタビュアーに語る。「公的にも私的にも会っていますが、ああ！　男性の強さもなく、自分が馴染んでいるような女性らしさもない、妙な存在に思えます。私は歴史ある日本の女性です。日出づる国では、女性は男性を愛し愛されることに満足していっます。すべてにおいて男性に従順であることは当然です。それで必ず幸福になれるのですから、それが良いのです。英国に来て、通りで何千もの女性が、自らの主人である男性に反抗しているのを見て、どんなに驚いたことか。彼女たちは、それで幸せになれるのでしょうか[53]」

男性に従順であったら、こうして人気女優として、海外でインタビューされていることなどあり得ない花子である。これは、先のインタビューとは逆に、当時の外国人が日本女性に持っていたイメージを、花子がそのまま語ってしまったものなのではないだろうか。あるいは、明治女性としての花子の一面が図らずも姿を見せてしまったのかもしれない。一九一〇年という年代を考えると、「通りで何千もの女性が、男性に反抗して」いたというのは、女性参政権を求めるデモであった可能性もある。だとすると、花子は歴史の貴重な目撃者だったわけで、ぜひとも右とは別の言葉を聞きたかったと思ってしまうが、それは無理な願いであろう。英国で女性に（国政選挙における）選挙権が与えられたのは、第一次世界大戦後の一九一八年のことであるが[54]、日本は、第二次世界大戦後まで待たねばならない。

無論、先のインタビューも含めて、インタビュアーか記事を書いた者が、花子の言葉を少々変えて伝えている可能性も否定できない。しかし、一貫しているのは「西洋のすべてが日本に勝っているとは思わない」という花子の主張で、そうした強い思いがあったからこそ、日本女優として臆することなく、海外の舞台に立ち続けることができたのであろう。

この頃、シレック・アンド・ブラフとの契約が終了期限に達したので、花子一座は、こうして何かと注目を浴びた英国興行の後、ウィーンの興行師・シイラと一年の契約を結び、初のイタリア巡業に出る。

ジェノバ、フィレンツェ、ミラノ、ローマと回り、ナポレオンの出生地・コルシカ島まで足を延ばした後、黒須親子が一座を抜けてしまう。

本拠地の英国に戻って新たに座員を確保し、この時、一座の顔ぶれは、花子と青美《あおみ》・小林・永山の四名となっている(55)。このメンバーで、再びドイツのライン河に沿ったケルン、フランクフルト、ハイデルベルク、フライブルク、シュトゥットガルトなどの美しい街々を回り、そこからバルト海沿岸まで北上し、ロシアでも二度目の巡業をおこなう。途中でコブノ(現リトアニアのカウナス)、ビルナ(同じく現リトアニアのビルニュス)、リガ、レバル（現エストニアのタリン）などに寄りながら、二度目のペテルブルグ入りを果たし、一ヵ月ほど興行を打った後は、エカテリノスラフ（現ドニプロペトロフシク）やスモレンスクなどを巡演しながら黒海に面したオデッサ港へ出て、そこからドイツに戻り、一座とシイラとの契約は終了する。よくもこれだけの場所を、休むことなく巡ったものである。

花子一座はその後、しばらく滝という日本人に手伝ってもらいながら、たくましくもベルギー、ドイツ、オーストリアなどで自主興行を試みるが、ロイ・フラーに出会う前と同じく、やはりうまくいかず、（現ウクライナの）オデッサの興行師、テフノフと五ヵ月間の契約を結び、一九一二年末に、三度目のロシア巡業を敢行するのである。

第五章　名声を博したマダム花子　一九一二―一九二一年

ロシアの演劇人たちを惹きつけた花子

ロシアは、花子にとって格別に思い入れが深い国であったようである。一九一六年から一九一七年にかけて日本に一時帰国した際にも、彼の地での興行について「貴族と女優との握手」というタイトルで詳しく語っている。その書き出しは次のようなものである。

> 露西亜《ろしあ》は革命が起つて民主党の方々の世界となり、あの厳《いか》めしい皇帝の御行幸の鹵《ろ》簿《ぼ》はもう見られないのかと思ふと、全く変つた気分に襲はれます。然うして其の革命の騒動の間総ての劇場は奈何《どう》したでしやう。いつでも土間や桟敷に軍服姿のまゝの陸

海軍の将校達や、制服官帽の御役人方が若い令嬢や御夫人方と腰を並べて御一所に御見物して被入（いらっしゃ）ると云ふ他国では或る儀式の時しか見られない光景を毎晩に見得らるる華やかなペテログッドや莫斯科（モスクワ）の劇場は如何なる光景を示しましたらうかしら。多分は演芸どころではないと、閉場して居たとも思はれますが、恐ろしく芸術を尊重する国で、芸術の独立、尊厳を人民達はいつも叫んで居たんですから閉ぢたのは一夜か二夜か位、後は屹度《きっと》開場して居ること丶思ひますが……（1）

自分が帰国している折に起こった革命が、芸術に与える影響を何よりも心配しており、それでも演劇の上演は続いていて欲しいと祈るような気持ちであったのだろう。それも当然で、先程述べたように、それよりわずか五年ほど前の一九一二年末、花子一座は、三度目のロシア巡業をおこなっていたのである。

その時、花子たちはオデッサを皮切りに、キイフ、ハルキフ（ハリコフ）と公演を打ち、さらに地方都市を回るはずであったのだが、興行師テフノフのもとに前もって送ったはずの台本が届いていなかったため、上演の認可がなかなか下りず、予定変更を余儀なくされ、モスクワなどの中央都市で公演することになった。

一座には、川上音二郎・貞奴夫妻の一九〇七年の渡仏（パリの劇場視察）に同行したのち、帰国せずにいた宇田川という男性[2]も俳優として加わり、翌一九一三年の一月から、モスクワの一幕物劇場およびミニアチューラ劇場で一ヵ月ほど公演をおこなった。その舞台はかなりの評判を呼び、花子が外出すると、「マダム花子ですね」と声をかけられるほどの人気であったという。そんなある日、滞在していたホテルに、モスクワ芸術座の支配人が訪ねてきた。

「キイフの俳優学校を訪問された様子を聞いています。ご迷惑でしょうが、私どもの劇場附属の俳優学校へもお越し願いたいのですが」

スタニスラフスキー（Bella Merlin, *Konstantin Stanislavsky,* Routledge, 2003）

支配人の言葉に花子は驚いた。世界に名高いモスクワ芸術座の創立者の一人であり、偉大な俳優・演出家でもあるコンスタンチン・セルゲーヴィチ・スタニスラフスキーKonstantin Sergeyevich Stanislavsky（一八六三～一九三八）が、演技のデモンストレーションを依頼してきたのである。キイフの俳優学校に請われて日本演劇の表現を紹介したのを、スタニスラフスキーが聞き及んでの依頼であった。[3] 花子は迷うことなくその場で申し出を快諾し、日を決めて、座員たちと共に、モスクワ芸術座の俳優学校を訪れた。この俳優学校――いわゆるかの有名な〝(第一)スタジオ〟――に入れた幸運な日本人は、花子と一座のメンバーだけであろう。花子は、その内部の様子を次のように語っている。

舞台は二階に出来て居るんですが、下から見上げる舞台でなく、上から見降されるので、或る大きな広間を都合上にこしらへたと云ふやうな舞台でした。[4]

これは、スタニスラフスキー自身によるスタジオ内部の説明と見事に一致する。彼は以下のように、その舞台について述べているのである。

天井の低い部屋にはふつうの劇場舞台をつくるわけにはいかなかった、というのは、役者がその上に立つと、天井に頭がつかえそうだったからである。そこで、役者を高いところにのせるのではなく、観客自身を高いところに坐らせねばならなくなった。階段状につくられた台の上にのり、半円劇場の次第にせりあがる雛段に並んで坐った観客たちは、舞台の床の高さよりも高いところにいるので、おたがいに背中がじゃまにならず、よく役者を見ることができた(5)。

花子の簡潔かつ的確な描写には感心せずにはいられない。彼女は確かに栄えあるスタジオに足を踏み入れ、その舞台に立ったのである。花子自身の言葉を引くと、そこで見せた彼女の演技の実演の模様は、以下のようなものであった。

私は先づ日本の劇の旧《ふる》くからある型の娘が懐剣で自害して、落入つて往く態を見せました。欧州の俳優では見せることの無い、瞳の動かし方と変化、其れに連れての口の動かし方と、珍らしいものだつたに違ひありません。其れから老婦人の自害の態度も演じました。（……）次は笑の表情です。之も日本の義太夫で子供の時から能（よ）く練習したものなので、其れを其のま丶演じたものです。次ぎは憤怒の型、其れから愁嘆の場の表情です。愁嘆の場にも娘と老婦人とは区別して見せました、演じ果てますと座席の一同は立上つて喝采し、『ブラボオ』の祝福の声が繰回して聞かれ、チエホフ夫人は立上つて来て握手してくれました。何と云ふ幸福者でしやう、私は御陰で芸術座の人達の前で演じた芸術の試験に及第されたらしいのでした。其れも皆日本の先人の工夫の御陰だと染々と感じました(6)。

恐らく、キイフの学校と同じく「日本演劇の表現を見せて欲しい」ということのみ、依頼されており、見せる内容に関しては、花子に一任されていたのであろう。そこで花子は分かりやすく、日本演劇における「喜怒哀楽」そして「死」を見せることに決めたに違いない。花子は自らの舞台を「日本演劇」として成り立たせているものが何であるのか、しっかりと把握しており、幼少期に受けた訓練の成果をそこで披露したのであった。

現在、もし、日本の俳優が海外で同じようなことを急に依頼されたら、果たしてその要求に応えることができるだろうか。「日本俳優」として、何を見せることができるだろうか。花子のこの実演は、そのようなことを問いかけてやまない。チェーホフの戯曲の一部を日本語で朗読してお茶を濁す、というわけにはいかないのである。

生徒たちだけでなく、チェーホフ夫人(花子は「芸術座の立女形《たておやま》」であると紹介している(7)。

あくまでも自国の演劇をベースに理解・説明しようとしている点が興味深い）であるオリガ・レオナールドヴナ・クニッペル Olga Leonardovna Knipper（一八七〇〜一九五九）も含めた、モスクワ芸術座の主だった俳優も、至近距離から熱心に花子を見つめており、彼らが世界に名だたる名優たちであることを知っていた花子は、実際は、かなり動揺していたはずである。しかし、一方で大丈夫だという思いもあったようで、その時の心境を次のように語っている。

幼少の時から日本の女俳優の中に交つて舞台に立ち、其の女俳優が其の頃の名人であつた宗十郎とか延若とか半四郎とか云ふ人(8)の型を取つて演じて居たのを、私にしても見やう見真似で覚えて居るんですもの、其れが幼少の頃に覚えたのであつた丈けに素直に私の身体《からだ》に残つて居たのが私の自信なのです。其の外には何にもありません(9)。

このように花子は、当時の歌舞伎の名優を手本としていた女役者の一座での経験に、全幅の信頼を寄せていたのである。それが彼女の自信となっていたのであった。

この花子の実演をスタニスラフスキーがどのように見たのか、残念ながら感想が記されたものなど見つかっていないが、一九一二年末から一ヵ月ほど演劇視察(10)のためモスクワに滞在していた演出家の小山内《おさない》薫（一八八一～一九二八）が、スタニスラフスキー邸での年越しパーティーに招待された折に(11)、スタニスラフスキーに花子について聞かれたことを語っている。ムウラトワ Elena Pavlovna Muratova（一八七四～一九二一）というモスクワ芸術座のベテラン女優に、貞奴の舞台を見て感心したと言われた後のことであり、小山内は次のように記している。

スタニスラウスキイ氏は二人の話を側で聴いていましたが、やがて「僕はまだ Sada Yacco を見ないのだが、実際はどうなのだ。」と聞くのです。私は丁度ムウラトワ夫人の何処かへ立って行っていないのを幸に、"Sie ist kein Künstler!（彼女は芸術家ではありません）"と稍（やや）激越な調子で言いました。併（しか）し、私はスタニスラウスキイ氏に"Warum?（なぜ）"と聞かれて、もう一言も返事をする勇気が出なくなりました。私共にとってこの問題に"Warum?"はないのです。私はその瞬間に日本人たる私と露西亜人たるスタニスラウスキイ氏との間に、非常に遠い隔たりのあるのを感じて、何とも言えぬ寂しい感じに打たれました。併（しか）し、スタニスラウスキイ氏に私のその時の心持が分かる筈はありません。氏は更に問を進めてHanakoの事を聞くのです。私はもういても立ってもいられません。私は日本中の恥を一人で背負って立ったような気がしました。私は真赤になりました。「そんな人の名は日本で聞いた事もありません。」私は冷汗をかきながら、やっとこれだけ言いました。併（しか）し、スタニスラウスキイ氏はまだ私を信用しないような様子なので、私はどうして好いか分からなくなりました。(12)

小山内にとって、貞奴や花子のような「芸者あがり」は、とても日本を代表する芸術家とは認められないのである。そして、そのような者たちに対するスタニスラフスキーの興味は、彼女らの出自を知らぬがゆえの、単なる異国趣味から来ているものだと見なしたのであった。たとえ、小山内がそのようなことを口にしたとしても、スタニスラフスキーには、それこそ理解できなかったであろう。「芸者あがり」の何が悪いのかと、聞き返したのではないだろうか。

ロシアで話題の日本女優を、日本の演劇人が知らないふりをしたことに納得できなかったのは当然ともいえる。スタニスラフスキーは、仕方なく話題を変え、自分も何か日本の作をやってみたいと思っているが、どうだろうと小山内に聞いたという。そのように「お世辞も何もなしに、飽くまで真面目に、吾々日本人を同等な人間と見て話をしている」[13]スタニスラフスキーに対して、結局、小山内は何一つ答えることができなかったのである。

スタニスラフスキーは、一八八七年、ギルバート&サリヴァンの『ミカド』ロシア初演で皇太子ナンキ・プー役を演じることになった時、ちょうどモスクワに滞在していた日本の軽業師の一家に、日本人としての所作やポーズおよび踊りの指導を受けている。[14]演技の神秘を解き明かし、体系的な俳優術・演劇創造理論を打ち立てることに生涯をかけた演劇人として、スタニスラフスキーが日本人による話題の舞台に興味を持ち、花子にデモンストレーションを頼んだことは、不思議でも何でもないことであったのである。

それを受けた花子は、自らがそこでは「日本俳優」の代表となっていると心得て、その技芸・技術をひるむことなく披露してみせたのであった。これは推測の域を出ないが、スタニスラフスキーは花子の実演から、型というものが演技者の感情を引き出すことがある事実を認めたのではないだろうか。もと芸者として、また、もと旅役者として花子が身につけた技術こそ、スタニスラフスキーの興味の対象であったに違いない。小山内が花子のことを妙に恥じたりせず「あなたはなぜ彼女に興味があるのですか」と問い返してみれば、必ずやそれは分かったはずである。そのことこそ重要であったのに、この歴史的貴重な機会に、小山内が彼と表層的な会話をするに留まってしまったことが残念でならない。

そして、このようにロシアで花子に熱い視線を注いだ芸術家は、スタニスラフスキーだけではないのである。たとえば、象徴主義の唱道者である劇作家・演出家ニコライ・ニコライヴィッチ・エヴレイノフ Nikolai Nikolaivich Evreinov（一八七九〜一九五三）は、花子に呼びかけるような形で、次のような賛辞を熱烈に呈している。

ぼくはきみの芸術に魅了されてしまった、やさしい魅力あふるる花子よ！　きみは美人でもなければ、もはや若くもないが、そんなことはくそくらえさ。

舞台の上で美と若さとを体現してみせるきみのなんと美しく、若々しいこと！　小柄で、滑稽で、胸に迫る花子よ！　ぼくは呼びかけるつもりだ、わが老廃せる舞台の女優たちがこぞってきみに見惚れ、きみから学ぶようにと。なぜなら、きみは〝小賢しき〟作者やら高価な衣装やら細々した舞台装置をあてにするでもなく、かくも新鮮で、かくも真に舞台的で、かくも魅惑的に美しいおのれの芸のみを頼りとしているのだから。(15)

ここでエヴレイノフが花子のことを「美人でもなく、若くもない」と言っているのは、非常に興味深い。彼女を揶揄《やゆ》した日本人と同じことを述べているように見えるが、これは悪口などではなく、その逆なのである。決して美人とはいえず、年もそれなりに重ねている花子が、舞台上で美しく若々しく輝いているのは、台本や衣装や何らかの道具の助けを借りてのことではない。彼女の芸と技術がそう見せているのである。

彼が見たのは『おたけ』であるようだが、その台本にはさほど意味がないことを鋭く見抜いている。台本に頼ることなく、言うなれば俳優の芸一つによって支えられている、真に演劇的――シアトリカルな舞台。エヴレイノフは、花子の技量とその舞台における「演劇性」に感心したのであった。それは俳優が、それが「演劇」であること、そして、自らが「演じていること」に自覚的な舞台といえるかもしれない。

メイエルホリド（Jonathan Pitches, *Vsevolod Meyerhold,* Routledge, 2003）

エヴレイノフと同じく、日本演劇のこのような「真に演劇的であること」に魅了された、ロシアの革新的演出家フセヴォロド・エミーリエヴィチ・メイエルホリド Vsevolod Emilievich Meyerhold（一八七四〜一九四〇）も花子一座の舞台に注目し、花子について次のように言及している。

芸術家はサーカスか演劇か二つにひとつの途を選ぶまえに、すでに幼少期に特別の学校を通過していなければならない。そこでは彼の肉体をしなやかで美しく、頑健なものとする助けをする。そうした肉体はただいわゆる決死のジャンプのような曲芸だけでなく、すべての悲劇的な役柄にとってもそのようなものであらねばならない（貞奴、花子を思い出そう）[16]

メイエルホリドは、恐らく貞奴や花子の死の場面を目にして、それらが決して、訓練を受けていない、ごく普通の肉体によって演じられるものではないことを、見抜いたのであろう。悲劇的な場面は下手に演じられれば、見るに堪えないものになってしまうのである。そうした場のはりつめた緊張感を保つには、鍛え上げられた肉体が必須で、サーカスはもとより、演劇に携わるのにも、早くからのたゆまざる鍛錬が求められるのである。

メイエルホリドは彼女の舞台だけでなく、それを支えているものにも注目したのであっしている。恐らくは、皿屋敷ものの舞台を観たのであろう彼は、花子の演技を以下のように観察た。

職業柄、わたしはいろいろと経験を積んでいます……同じような経験を花子は諸君たちもご存じのあの皿が出てくる芝居で見せてくれました。彼女はじつに洗練された技巧を発揮し、自分の反射運動を完全に掌握していたので、彼女が猫の姿をまねたときなど、ほんとうに彼女の瞳孔が横に広がったかと思えたほどでした(17)

瞳孔を意思の力でコントロールできるとは思えないが、それが可能に見えるほど、彼女が鍛えられていたということであろう。メイエルホリドも、先に触れたエヴレイノフと同じく、やはり彼女の俳優としての技量と、その訓練された身体に感心しているのである。メイエルホリドは、花子が「特別の学校を通過して」サーカスの曲芸師に負けぬほどの「しなやか」で「美しく」「頑健な」身体を作り上げていること、そして、それが彼女の舞台を支えていることを理解していたのであった。この理解は、ロダンの花子評価とも共通している。モスクワ芸術座で、俳優として、まずそのキャリアをスタートさせているメイエルホリドは、スタニスラフスキーの演技について次のような興味深い指摘もしている。

コンスタンチン・スタニスラフスキイはじつに音楽的でした……私たちがレフボルグで（『ヘッダ・ガブラー』です）彼を見たとき、彼は……まるで日本人か中国人のように、自然主義を破壊する手法でもってこれを演じたのです……彼はこの演技を日本風に行いました。なぜならコンスタンチン・セルゲーヴィチは、偉大な音楽家、かつまた人生の、ことに演技法の良き観察者として、それらを意識的ないしは無意識的にわがものとしてしまったからです。わたしは彼が貞奴やむろん花子を観たにちがいないと確信しています。そうしてコンスタンチン・セルゲーヴィチは日本的な演技の手法を現実化させたわけですが、しかし何らかの理由でそれを放棄してしまった……(18)

つまり、メイエルホリドはイプセンの『ヘッダ・ガブラー』（『ヘッダ・ガーブレル』とも）のエイレルト・レフボルグ（レヴボルグ、レェーヴボルクとも）役を演じるスタニスラフスキーに、貞奴や花子の影響を感じたと述べているのである。スタニスラフスキーがこの役を演じたのは、花子はもちろんのこと、貞奴も海外の舞台に登場する前の一八九九年二月

のことなので、残念ながら、これはメイエルホリドの勘違いのようである。しかしながら、

スタニスラフスキー自身も自らの著書で次のように述べているのは、なかなか興味深い。

私たちはあまりにも多く理屈をこね、利口ぶって、意識の平面に自分をつなぎとめていた。私たちの象徴は知性から出たもので、感情から出たのではなく、作られたものので、自然なものではなかった。要するに、私たちは演ぜられる作品の精神的リアリズムを象徴にまで磨きあげることができなかったのである。なるほど、時には、偶然に、私たち自身には分らぬ原因から、私たちにもアポロンの霊感のくだることはあった。私自身も公開の総稽古の折に、レヴボルグ（『ヘッダ・ガーブレル』）の役で、彼が手稿を失い、自殺の前の最後の絶望の数分を味わうとき、役の悲劇的なモメントを心底から、深く感ずる機会にめぐまれた[19]。

少なくとも、スタニスラフスキーがこの頃、常の彼とは違う演技を見せたことと、そのことに自覚があったのは確かなようである。演劇・演技の影響関係を明らかにするのは容易ではないが、優れた観察者として、メイエルホリドが敏感にスタニスラフスキーの演技

の変化に気付き、それを「日本風」「日本的」であると見たことには注目すべきであろう。

ジーン・ベネディティは、その著書 *Stanislavski: A Biography*（Methuen Drama, 1990, pp.88-89.）において、レフボルグ役のスタニスラフスキーの常とは違う演技について、メイエルホリドと同じく注目した人々の言葉を紹介している。最後の総稽古を観た人物の「スタニスラフスキー演じる、原稿を失くしたばかりの野性的な天才レフボルグは、何かにとりつかれたように舞台に駆け込んできた――まるで、荒れ狂う嵐のように。それは、客席にざわめきが走るほどのショックを与えた。幾人かは座席から跳びあがった程だった」（p.88）という観察などが、彼自身の「音楽的」「自然主義を破壊する手法」という言葉と共にメイエルホリドが、この頃のスタニスラフスキーの演技の何を「日本的」と見たかを解く鍵となるかもしれない。

ここでさらに述べておきたいのは、西洋（ロシアを西洋としてよいか微妙であるが）演劇と花子の関係は、決して一方的なものではなかったということである。彼女は、自らの幼少期からの訓練のみに頼っていたのではなく、西洋風の演技訓練法も積極的に学んでいたようなのである。花子はこの時、モスクワ芸術座のスタジオとは別の場所でも実演を見せているのだが、その際に「日本流のミミックの練習」と称して、次のような課題を、座員と共に演じてみせているのである。

●好奇心の強い下女が扉の隙間から主人たちの挙動を盗み見する。ある滑稽なコトがそこでもちあがるのを見て下女は笑う。

●臆病な男が切腹（ハラキリ）を迫られている。動揺を隠せない。しかし、近づく足音に彼は恥辱を恐れ、ついに自害しはてる。

●生徒たちが教室で先生のやってくるのを待っている。先生が遅れてやってくるのを見越して彼らはふざけだす。ところが直ぐに先生が現れ、ふたたびおとなしくなる。(20)

これは設定こそ日本にしているようだが、明らかに「日本流」の訓練ではなく、欧米の演劇学校などで施されていたタイプのものである。こうした練習を女芝居の一座でおこなっていたとは思えない。

恐らく花子は、柔軟に、西洋流の俳優訓練法も取り入れながら、自らと座員を鍛えていたのであろう。花子の舞台は海外の芸術家に強いインパクトを与えたが、彼女自身も海外の演劇の良いと思われる点を採用していたのである。西洋と日本のどちらもが、相手から学ぼうとしていたのであり、それは、どちらかがどちらかを利用するというような、偏ったものではなかった。たゆまざる日々の訓練と、常に高みを目指し学び続けることの重要性は、双方ともに認めることだったのである。どちらも自らが職業として選んだ演劇という芸術に対して、この上なく真摯であり真剣であった。

一九二一年に帰国した後は、日本演劇界には一切関わることのなかった花子であるが、もし、彼女が俳優教育に携わっていたらどうだったであろうか。歴史に「もし」はあり得ないが、興味は尽きない。

映画の出演依頼と戦争の勃発

モスクワ芸術座の関係者の前での日本演劇のデモンストレーション後、花子の歓迎パーティーが催され、そこで花子は、モダンダンスの先駆者であるイサドラ・ダンカン Isadora Duncan（一八七七〜一九二七）と親しくなった。自らのロシアにおける後援者となる伯爵令嬢タラセウィッチ夫人とも、この頃に知り合ったようである。テフノフとの契約が切れてしまった後、花子一座は親切なこの夫人の助けによって、南ロシアからカフカス（コーカサス）へと巡演を続ける。

ロシア、オスマン帝国（現トルコ）、ペルシア（現イラン）という三国の国境近くにそびえ立つアララト山は、山頂に常に雪をいただいており、その優美な姿は母国の富士山を思わせ、皆の郷愁を誘ったという[21]。

チブリス（現トビリシ＝ジョージアの首都）の高等劇場、市民劇場などで公演をし、カスピ海を蒸気船で渡って対岸の街々でも上演した後、さらに温泉保養地を巡って、最後にキイフに近いジトミルという地にあったタラセウィッチ夫人の別荘でひと夏を過ごさせてもらい、一座はロンドンへと戻ったのである。この愛情深いタラセウィッチ夫人のことを花子は「私の御母様」と呼んでいたといい[22]、ロシア革命の際には、その身がどうなったか心から案じている。まさに国を超える友情が二人の間に育っていたのであろう。

こうしてみると、なぜ花子がロシアに格別の思いを抱いていたのか理解できる。それは、ロシアが女優としての彼女を高く評価し、温かく迎え入れてくれた国であったからなのだろう。日露戦争を経ての巡業であったにもかかわらず、である[23]。

一九一三年の秋、ロンドンに戻った一座に、今度はオーストリアの興行師シイラが再び契約を申し込んで来たので、それを受けた花子たちはウィーンに向かう。そこではちょうど同地に滞在していた新聞記者の千葉秀圃《しゅうほ》（〜一九一四？）が、花子の宿泊先のホテルを訪ねて来たという。千葉は語学の天才で、オペラ界のプリマドンナ三浦環《たまき》（一八八四〜一九四六）と恋愛関係にあり、夫の居るシンガポールに向かった彼女を追う形で、海外へ飛び出したのであった。異郷に住む日本人がまだそう多くない時代であり、同胞の存在を確認すると、こうしてすぐ何かと親しく交流する形になるのが面白い。また、花子はそうした出会いを大切にする女性であったといえる。

クレイグ（J. Michael Walton (ed.), *Craig on Theatre*, Methuen Drama, 1999）

一座はまずブダペストで興行をしてから、トリエステ港まで移動し、そこから汽車でミラノに向かった。ミラノからトリノ、さらに南西に移動して国境を越え、フランスのニースで興行し、イタリアとはいえ、そこからさほど離れていないサン・レモで上演した後、続いてフィレンツェで公演を打った。

このフィレンツェ公演を観た英国の演出家・演劇理論家で、東洋の演劇にも強い関心を抱いていたエドワード・ゴードン・クレイグ Edward Gordon Craig（一八七二〜一九六六）が、その感想を以下のように記している。

花子は注目すべき女優だ。しかし彼女は決して芸術家ではない。花子のような女優は法により抑え込むべきだ。花子という女性は確かに評価できるが、頭脳は芸術家を作らない。(……)巧みな芸術家は天からの賜物といえるが、技巧(skill)も芸術家を作らない。技巧は人々を驚かすが、芸術はそのようなことはない。(……)ぞっとするような死への準備……。ナイフで咽喉《のど》を突く時の恐ろしさ……。花子はまず裂いた紙を口にくわえる……そして忌わしい深紅の血が純白の襦袢《じゅばん》にほとばしる……彼女が末期《まつご》の一声をあげた時、多くの観客が称賛の声を浴びせている中で、私は身を引いて両手を挙げている一人の男性に気付いた。彼のジェスチャーは、演技者に向かってこう語りかけているように見えた……「君はなんてことをやってくれたのだ。これが私たちにとって、自分にとって、演劇にとって良いことだと本当に信じているのか?」……私は、彼をヨーロッパ演劇界の一員と見なせると思う。彼は有害で哀れな花子が無意識に犯している罪の重大さに気付いていたのだ。(……)花子とその仲間は、私たちは皆、「自殺」を見たがっているのだという、恐ろしいことを信じ込ませようとした。(24)

これは明らかに、観客が「日本の舞台」として見たがっているもの、見たがっていると思われるものを見せた花子に対するクレイグの批判であり、また、それを実際に喜んで受け入れている観客に対する非難でもある。クレイグにすれば、エキゾチシズムを強調したものを意識的に見せるのも、それを喜んで見るのも、同様に罪深いのである。

当初は男性中心の舞台で端役を演じていた花子が、看板女優となり、「自殺」の場面を演じるようになったのは、一座の公演をプロデュースすることになったロイ・フラーの指示によってである。花子の自害シーンは話題を呼び、ほとんどの芝居で花子は最後には死ぬことになった。それはまさに呼び物であり、一座の売り物でもあり、花子もそれを自らの技術を見せる場と心得ていた。

実際、花子は、サン・レモで公演をおこなった際、立派な体格をした大男の観客が、死の場面の自分の演技に驚き、気絶して外に運び出されていったというエピソードを、かなり誇らしげに語っている。(25) ハラキリの場面を見せることをためらっていた最初の時とは異なり、この頃には何の抵抗もなく、ここぞとばかりに「死ぬ」ようになっていたのかもしれない。

冷静な目を持つクレイグは、なぜ俳優が「リアル」に死んでゆくシーンを、息をこらして鑑賞しなければならないのか、また、そうした技術を観客が称賛してしまうのか、憤りを感じたのであろう。死の場面を夢中になって見ている同胞の野蛮さへの嫌悪、同胞をそのように煽り立てている花子への怒りである。

だが、ここで彼が花子の技巧（skill）を認めている点も見逃すことはできない。巧みな女優であるからこそ、その影響力が恐れられ、クレイグをして「法により抑え込むべきだ」とまで言わしめたのである。これもまた、間接的な称賛であるともいえるのではないか。東洋の演劇のエッセンスをくみ取り、自らの演劇に生かそうと志す者としての、自戒の意を込めての花子批評であったようにも思われる。オリエンタリズム的思考およびそれを利用する者に対する批判の先がけとして、評価すべきものなのではないだろうか。

自らの成功のからくりを、そのように鋭く見抜いた人物がいたこともつゆ知らず、花子はフィレンツェに別れを告げ、ローマへと移動し公演をおこなう。その時は、日本の大使館員が舞台を観に来てくれ、また、二〇年前にイタリアの軍艦に雇われてローマに来て、そのままずっとイタリアに住み続けているという日本男性が、ひょっこりと楽屋を訪ねて来たという。イタリア人の女性と結婚し、大工をして生計を立てているというこの男性の家を、花子一座の座員たちは何度も訪ねて温かくもてなされた。男性も、久しぶりに同胞に会えたことがよほどうれしかったのであろう。

ローマを出発すると、まずナポリで公演をし、さらに南下してメッシナ海峡を渡ってシチリア島でもあちこちの街を回った。メッシナでは、五年ほど前の一九〇八年十二月二八日に発生したメッシナ地震の爪痕が生々しく残っていたようで、その様子を花子は以下のように語っている。

メシナの市街は木造の家が多く見当りました。何しろ世界を震愕《おどろ》かした大地震が揮（むちう）つた後とて、街路を歩いて居ると、未だに当時の惨状が其のまゝで残つて居るのが見られました。木造の家の多いのも、煉瓦造りや其れから伊太利独特のセメントと石塊とを交ぜて造る家の大略は壊れて、臨機に処して建築したからだつたのです、然（そ）して死人の多く出たのは、此の石塊とセメントを練合《ねりあは》して造つた家が多かつた（から——引用者）と云ふことでした。(26)

世界を舞台に旅を続けていた花子は、このように様々な場所において、歴史的出来事を目撃することになったのである。回想録があるだけ良かったが、花子には見聞録のようなものも、ぜひ残して欲しかったと思ってしまう。観察力のある彼女のことであるから、当時の世界の模様を知ることができる、貴重な資料となったに違いない。

シチリア島では、メッシナの他にパレルモ、シラクーザなどを巡演した後、花子たっての希望で、マルタ島まで足を延ばしたのだが、驚くべきことに、そこでは一人の日本男性が独身で雑貨店を営んでいたという。男性は日本人を懐かしがり、公演期間中は互いに何度も行き来したらしい。こういった思いがけない出会いと交流は、花子にとって非常な励みとなったようである。

「自分以外にも、異郷でたくましく生き抜いている同胞がいる」

と、勇気づけられたに違いない。

マルタ島興行後は、シチリア島に再び戻り、カターニアで公演をし、また本土に戻って今度はジェノバで興行を打ったのだが、そこでは、日本とは縁があるテノールのオペラ歌手アドルフォ・サルコリ Adolfo Sarcoli（一八六七〜一九三六）と親しくなった。日本で三浦環と共演し、多くのオペラ歌手を育てた経歴を持つサルコリは、イタリアで日本の芝居を思いもよらず観ることができ、うれしかったのではないだろうか。一九〇二年に渡欧して以来、日本に戻っていなかった花子であるから、サルコリから逆に日本の様子を聞いたりなどして、母国を懐かしんだかもしれない。

花子と一座のメンバーは、結局そのままジェノバで一九一三年の年を越し、大規模な二度目のイタリア興行を終える。屠蘇の代わりにとワインで乾杯をして、座員と共に新年を祝った花子の心は、成功した女優として満ち足りていたことだろう。

一座はその後、ベルリンへと移動するのだが、そこでパリの映画会社から映画を撮りたいという依頼を受ける。ウィーンで知り合った千葉秀甫に脚本を書いてもらうことにしてパリに移動し、撮影もスタート、映画女優として新たな一歩を踏み出そうとしていた花子は、今度は歴史上の一大事件に自身が巻き込まれることとなった。第一次世界大戦が勃発したのである。

戦争さえ起こらなければ、花子の演技はフィルムに残され、現在でも見ることが可能だったかもしれない。なお、図らずも同時期にパリに滞在していた島崎藤村（一八七二～一九四三）が、大使館の一室で、花子一座のメンバーと恐らくは千葉秀甫に会ったことを、以下のように記している。

（……）私はいろいろな旅の同胞が斯（こ）の戦乱を避け惑うて居ることを知りました。活動写真の撮影に頼まれて長尺のフイルムを半ば写した頃遽(にわ)かに斯(こ)

の騒ぎに遭遇したといふ女優花子一座、及びその作者にも逢ひました。熱い汗の額を流れる中で、窓掛から椅子から敷物まで一切赤いものづくめの大使館の一室に皆の話を聞いて居た時は、確に私迄劇中の一人物でした。旅のあはれな話が多く出ました。(27)

パリ在住の邦人同士で団結を図ろうということから、大使館に集まった時の話であるようだ。花子もそれまでの自らの苦労話を、藤村に聞いてもらったのだろうか。高まる不安の中、こうして花子たち外国人は、そのままパリに留まるか、立ち退くかの重大な決断を迫られたのである。

ロンドンでの大成功

パリでの映画出演を断念した花子は、結局このような非常事態でも日本には帰国せず、ロンドンに避難する道を選んだ。かなり思い切った決断であったが、花子自身、まだ女優としての活動を海外で続けたかったのではないか。この時、花子と行動を共にしなかった千葉秀圃は、結局、スイスの病院で病没してしまった。千葉の要望により、花子がロンド

ンから送ってやった日本酒が、病院からそのまま送り返されて来たという。(28)

花子一座とはもともと縁の深いロンドンでは、アンバサダーズ劇場の敏腕支配人、チャールズ・ブレーク・コクラン Charles Blake Cochran（一八七二〜一九五一）から声をかけられ、花子はさっそく舞台に立つことになった。このアンバサダーズ劇場は、戦火を免れて現存しており、二〇一九年九月現在『13と3／4歳 エイドリアン・モールの秘密の日記 The Secret Diary of Adrian Mole Aged 13 ¾』というミュージカルが上演されている。座席数四四四と小規模であるが、それだけに舞台と客席が一体となりやすい、居心地のよい劇場である。当時は、まだオープンしたばかりの新しい劇場で、一九三五年に、英国王立演劇学校を卒業したばかりのヴィヴィアン・リー Vivien Leigh（一九一三―一九六七）が鮮烈なデビューを果たしたのも、ここである。

アンバサダーズ劇場で、花子がその時演じた『おたけ』は、前にも述べたように、ロイ・フラーによって書かれ

現在のアンバサダーズ劇場

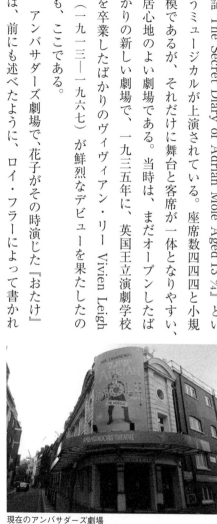

た作品で、女中のおたけが、女主人の留守中、彼女の衣服や化粧道具を勝手に使って女主人に成りすます喜劇（時に悲劇）である。花子演じるおたけが、日本語で独り言をつぶやきながら——時には片言の英語も交ぜて観客の笑いをとったようだが——女主人の衣装を身に着け、化粧をするシーンが大いに観客にうけた。その時のキャストは、以下のようなものである。

マツオ：ミスター・アオミ
タダス：ミスター・キチオスケ
ゴウスケ：ミスター・イエジ
キミコ：カゾ
オタケ：マダム・ハナコ[29]

キミコがおたけの女主人で、マツオは女主人の恋人、タダスは女主人の友人、ゴウスケは女主人の召使でおたけの恋人という設定である。「おたけ」という役名と、その役を演じる花子だけが変わらずにいる。

化粧をする「おたけ」のカリカチュア（*Bystander*, 1914年10月9日） ニューヨーク公共図書館パフォーミングアーツ図書館所蔵

しかし、ここで花子は新たな挑戦をしている。同時期に、同じアンバサダーズ劇場で『キムスメ Ki-Musume』という三幕の悲劇を上演したのである。この『キムスメ』は、ロンドンで知り合った巖谷小波《いわやさざなみ》門下の作家・生田葵山《きざん》（一八七六〜一九四五）[30]による皿屋敷伝説を下敷きにした作品で、一九一四年一一月三日付の『マンチェスター・カリアー・アンド・ランカシャー・ジェネラル・アドバタイザー Manchester Courier and Lancashire General Advertiser』によると、あらすじは次のようなものである。

佐竹という領主が、天皇から拝受した一〇枚の金の皿を、寺に寄進することを決める。この奉納の儀式をおこなうのは、一九歳の処女でなければならない。選ばれたのは、お菊という娘であった。お菊には恋人がおり、二人が庭で語らっている時に、彼女に横恋慕する別の男が、嫉妬のあまり金の皿の一枚を盗んでしまう。皿の一枚が消えていたことに佐竹は激怒し、お菊は汚れていると見なして彼女を打ちたたく。恥と絶望からお菊は自害するが、皿が盗まれるのを見ていた者がいて、彼女の疑いは晴れる。しかし、すべては手遅れで、お菊は、身の潔白が証明されたことを喜びながら、恋人の腕の中で息絶える——。

当時四〇代半ばであった花子は、この薄幸な娘・お菊を演じて、満場の観客を泣かせた。日本では文壇に大いに注目されたこともあった生田が、花子のために書いたこの『キムス

お菊と恋人が語らっている間にお菊に横恋慕する者が皿を盗む

皿を無くしたことでお菊は領主に打ちたたかれる

お菊に横恋慕する者と恋人は争う

『キムスメ』の舞台 岐阜県図書館所蔵

メ』は、さすがに骨格のしっかりした作品で、鑑識眼がある劇評家――英国における近代劇運動の起点となった、独立劇場 Independent Theatre を設立したヤコブ・トーマス・グライン Jacob Thomas Grein（一八六二〜一九三五）――は、ロイ・フラーが日本趣味に乗ずる形で書いた『おたけ』との違いに鋭く気付いたようである。「『おたけ』は単に滑稽な寸劇に過ぎないが、『キムスメ』は本物のドラマだ」と高く評価している。[31] お菊は、意味なく自害するのではない。名誉のために死ぬのであるが、ここで〈自らの名誉を守るためには死をも辞さぬ日本人〉という、新たなステレオタイプが生まれてしまった、ともいえるかもしれない。それは、花子が気に入らなかった『蝶々夫人』と重なる日本人像でもある。

いずれにしろ、その日本人像は当時同盟関係にあった英国にとって悪いものではなく、むしろ、好ましいものであったに違いない。ロンドンの主要新聞は、このアンバサダーズ劇場での花子一座の長期公演に強い関心を寄せ、それぞれかなりの長さの劇評を掲載している。

たとえば、『イブニング・ニュース Evening News』（一九一五年二月一日付）は、花子のことを「日本の宝石 Japanese Gem」と称して「たとえ日本語が一言も分からなくても、花子の芝居を観て聞けば、創造の天才の光がすべてを明白にしてくれることが分かるだろう。花子の芝居には、生き生きとした魂と絶妙な滑稽さがある。彼女は小さいが偉大だ！もし疑うなら、それが誇張かどうか、アンバサダーズ劇場に一緒に来て確かめるがいい」という賛辞を彼女に寄せている。

その他の劇評は、楽器を演奏し、踊り、悲劇で泣かせ、喜劇で笑わせる「多芸な（versatile）」花子に感心し、その舞台はエンターテインメントとして大いに楽しめる、と述べているものが多く、「非常に愉快な娯楽（a delightful entertainment）」「魅惑的にエキゾチックなパフォーマンス charmingly exotic performance」「快い見もの a pretty spectacle」などという表現が使われている。やはり、この時も、一般の観客が最も楽しんだのは、花子の舞台のエキゾチシズムと、その娯楽性であったのだろう。

そのような中で、『ザ・スター The Star』（一九一四年一一月三日付）が、『キムスメ』の菊の自害の場面に関して「花子は、死へのプレリュードともいえる、すさまじい『にらみ』により、日本独特の技法を使ってパトス（情念）を表現した」と花子の「見得」に着目した批評をしているのは、注目に値する。それは、彼らが自国の舞台では目にしたことのなかった表現方法であり、日本の俳優と演劇のイメージを、強烈に印象付けるものとなったようである。

また、ヤコブ・トーマス・グラインは、先に触れた『キムスメ』の評価に加え、別の新聞（見出しは「アンバサダーズ劇場のマダム花子 Madame Hanako at the Ambassadors Theatre」。誌名や年月日不明。岐阜県図書館所蔵）において、花子と一座の演技について次のように述べている。

その馴染みのない言語と同じくらい奇妙な音楽、ポーズ、身振りにもかかわらず、これらの日本人の俳優・女優たちは、確かな技術により私たちを惹きつけ、悲劇においても喜劇においても、作品の内容をきちんと伝えてくれる。小さくきゃしゃで、奇妙にも見えるが、マダム花子は第一級の俳優である。（…）悲劇『キムスメ』における、揺るぎなく誠実な演技は見事としか言いようがない。死の場面は、これまで私が見てきたどの西洋の舞台のものよりも、感動的で胸を打つ。マダム花子は、悲劇だけでなく喜劇にも秀でている。（…）マダム花子は、ただ魅力的な人物であるだけでなく、それ以上の存在で、言語と人種の壁を越えられる本物の芸術家である。彼女はここに改めて——時宜にかなったことを——教えてくれる。芸術には国も国境もないのだということを。

右の劇評は、花子所持のものであったようなので、自身も目をとおしていたと思われる。それこそ第一級の劇評家にこうした評価を与えられたことは、(たとえ〝同盟国〟の恩恵にあずかった部分があったとしても)彼女にとって名誉であったに違いない。

こうした花子の舞台は、同業者からも注目されたようで、彼女と同様にパリからロンドンに避難していたフランスの女優エヴ・ラヴァリエール Eve Lavallière(一八六六〜一九二九)は、新聞記者から「英国の女優をどう思うか」というインタビューを受け、以下のように答えている。

ロンドンで私が見た最もすばらしい女優は、アンバサダーズ劇場に出演している日本女優の花子です。どれだけ彼女を尊敬していることか、とても言葉になりません。彼女は——ああ、奇妙に見えます! 彼女の日本語は——理解できません! でも彼女の演技は——すばらしいです! 彼女の表現力は——秀でています! ある場面で——死の場面ですね——彼女は説得力のある迫真の演技を見せるので、他の観客と同

様、どうしても泣かされてしまうのです。(32)

このような称賛を受けて、花子はアンバサダーズ劇場に出続けるのだが、コクランが花子一座に同劇場での公演を持ちかけたのは、もともとは急病の俳優が出て、上演予定だった作品を諦めなければならなくなったためであった。(33)その穴埋めの依頼を花子が二つ返事で引き受けたところ、評判がよかったので、花子一座はそのまま公演を続けることになったのである。そのように、花子は小さなチャンスも決して逃さず、果敢に挑戦し、自ら成功をつかんでいったのであった。

『キムスメ』の作者である生田葵山は、当時ちょうどロンドンに滞在していた喜劇役者の曾我廼家《そがのや》五郎（一八七七～一九四八）と共に花子の舞台を見物し、(34)その演技に満足したのか、新たな作品を一座のために書き下ろしてくれたようである。それは『おやおや！Oya Oya!』という一幕の喜劇で、やはりアンバサダーズ劇場で上演されたが、以下のようなあらすじである。

芸者の娘二人とその父親であるジロベイ、女中のナベが暮らしている家の話である。コマンという姉娘にはウメノスケという恋人がいるが、父親は交際を禁じている。マメコという妹娘は、父親のお気に入りだが、いたずら好きで、気持ちよく居眠りしていた女中の夢を三味線の騒音で破ってしまう。三味線に飽きたマメコにコマンは踊りを所望し、マメコは踊る。恋人が外で待っていることを知ったコマンは、父親を外出させ、その間にウメノスケと会う。突然、父親が戻って来たので、コマンはウメノスケを着物の山の下に隠すが、マメコがその上に乗ったので彼は悲鳴をあげる。全員あっけにとられる――(35)。

この、恐らく今でも上演できそうな芝居のキャストは、以下のようなものであった。

ウメノスケ：ミスター・アオミ
ジロベイ：ミスター・ゴロー
ナベ：ミスター・イエイジ
コマン：ミスター・キチノスケ
マメコ：マダム・ハナコ(36)

姉娘や女中も男優が演じているのは、戦時中ということもあり、女優（日本女性）の確保が難しくなっていたからだろう。マメコ役の花子は、またもや芸者として三味線を弾き、日本舞踊も踊りと、芸達者なところを見せている。話自体は、たわいないものだが、こうした芝居により、花子はコメディエンヌ（喜劇女優）としても、その演技力を大いに認められたようである。

連合国の俳優たちと共演を果たす

ロンドンにおいて一年半あまりロングランを続ける合間に、花子は慈善興行などにも数多く出演し、自らと同じように戦火を避けてロンドンに避難していた、連合国の俳優たちと一緒に舞台に立つようになった。花子は、国際的なコラボレーションの草分けでもあったわけである。

アンバサダーズ劇場では当時レヴューが大ヒットしていたのであるが、『もっとMore』（『寄せ集め Odds and Ends』とも）というレヴューに、花子も出演することになった。タイトルのとおり、「もっと、もっと」と日々新しい歌や踊り、寸劇などが入って変化していく、にぎやかで多彩なショーである。そこに、日本の演劇のパロディが加えられることになった。

大柄なフランス女優演じる日本娘に、英国水兵（British tar）に扮した小柄な日本女優の花子が恋をし、彼女を悪者の手から救うが、結局は皆、ハラキリをして終わるというストーリーで、花子以外はすべて日本人の役を演じている。マダム花子への称賛の気持ちを込めて、彼女のみが英国人役――しかも栄えある英国水兵役――を与えられることになったという。[37] ひげまで生やし、小粋にパイプをくわえて敬礼をしている花子は、キリリとして凛々しい、立派なセーラーぶりを見せている。この豆水夫の姿で、がっしりした悪人どもを次々と倒すのである。客席は大いにわいたことであろう。こうした役まで巧みに演じてしまう花子は、やはり並の女優であるはずはなかった。花子も含めた出演者たち自身が楽しみながら演じているので、それを見ている観客も楽しくなるのだと、『タイムズ The Times』（一九一五年一二月一五日付）の記者が語っている。かつて観客が息を詰めて見入っていたハラキリは、この時には笑いも取れるものとなっており、花子も、もう単なる「ハラキリの花子」ではなかったのである。

英国水兵役を演じる花子（*The Daily Mirror*, 1915年11月1日）大英図書館所蔵

多芸多才な花子の人気は、いやがうえにも高まり、もはや、英国の演劇界・社交界でマダム花子の名を知らぬものはなかった。

当時の著名演劇人の人名録『フーズ・フー・イン・ザ・シアター Who's Who in the Theatre』に、「マダムハナコ Madame Hanako」と、立派に名を連ねることになったのも当然のことといえる。[38] もっとも、その日本での経歴はかなり飾り立てられており、帝国劇場で主演女優を務めたことになっている。また、年齢も一八六八年生まれのところ一八八二年生まれと、かなりサバを読んでいる。しかし、同じ版で日本俳優として掲載されているのは、花子のほか二代目市川左團次（一八八〇〜一九四〇）のみであることを鑑みると（左團次は一九〇六年一二月に渡欧し、しばらく演劇視察をおこなっている。そのため名が知られ、記載されたのであろう）大したものだといえるのではないか。すっかり売れっ子になった花子のために、やがてアンバサダーズ劇場支配人のコクランが、彼女のマネージャー役も引き受けるようになったのであろうか、『フーズ・フー・イン・ザ・シアター』において、花子の連絡先は、アンバサダーズ劇場となっている。

恐らくはコクランのマネジメントにより、花子は一九一五年四月二七日にドゥルーリーレーン劇場で催された、傷病兵のための慈善公演にも、フランスの名女優レジャーヌ夫人

Gabrielle-Charlotte Réju Réjane（一八五七～一九二〇）などと共に出演し、戦争の状況をテーマにした作品で「日本 Japan」という役を演じている。(39)（レジャーヌ夫人の役は、もちろん「フランス France」である。）この時、花子が名実ともに「日本」を代表する人物となっていたことは確かであろう。この公演は、英国国王ジョージ五世夫妻がご覧になったという。(40)花子は舞台の上から拝謁を遂げた。興味深いことに、同日のプログラムには、留学先のドイツからロンドンに移動してきていた、日本のモダンダンスの先駆者・伊藤道郎《みちお》（一八九三～一九六一）の名も見られる。(41)伊藤がロンドンで、詩人・劇作家ウィリアム・バトラー・イェイツ William Butler Yeats（一八六五～一九三九）の『鷹の井戸 At the Hawk's Well』を演じるのは、翌年のことである。花子と伊藤が、ここで互いの存在に気付いたかどうかは分からないが、別の慈善公演でも一緒になっているので、(42)戦時下に異郷の舞台に立ち続ける同胞として、言葉ぐらいは交わしたのではないだろうか。

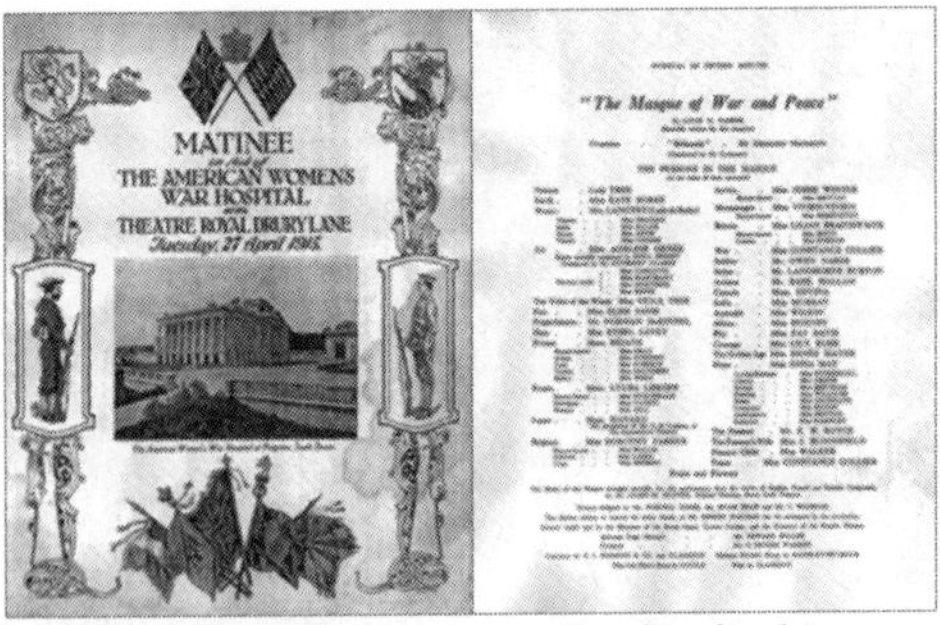

ドゥルーリーレーン劇場においての慈善公演のプログラム　ロンドン演劇博物館所蔵

一四年ぶりの日本帰国

一九一六年の春、花子は自分のエージェンシーのシレック・アンド・ブラフとコクランから、日本の踊りの公演の企画を持ちかけられ、踊りができる人材を集めるため、一四年ぶりの日本帰国を果たす。この頃の花子の動向は、日本の新聞でも紹介されている。一九一六年五月一一日付の『国民新聞』の「異郷に咲く花 マダム花子 倫敦の人気俳優」という標題の記事の書き出しは、次のようなものである。

マダム花子! 女優花子! の声名は何んなに欧米の劇界に持囃されたであらう旅烏のしがない女優とのみ本国の人々に認められて居ない彼女は寧(むし)ろ欧羅巴の人々の間に多大の人気と幾多の賞賛を博しつゝ、ある、今やマダム花子の名は到る処に讃美の辞を以て迎へられて居る、嘗《かつ》てマダムヤツコ(貞奴)の名が唄はれた以上に……

「日本演劇の為めには不名誉」などと書かれた以前とは異なり、かなり好意的に取り上げられているのは、同盟国である英国での花子の人気が、日本にも伝わっていたからであろう。

一九一六年一〇月二六日、二八日、二九日付の『万朝報』に掲載された「マダム花子海外劇壇を賑《にぎわ》す十六年」という全三回にわたる記事によると、当然ながら花子は、日本に戻ると、まず母親のもとに挨拶に行ったようである。突然、海外へ飛び出し、一時は行方不明と騒がれた身であるから、わびを兼ねての訪問であったのだろう。もっとも、女優として成功してからは、身内とは連絡を保ち続けていたようで、責任感の強い花子は、母親にきちんと仕送りまでしていた。また、母親も向こうで着るようにと、花子に着物を送ってくれていたようである。功成り名遂げて帰国した娘との再会に、母親は大喜びだったのではないか。花子が最初の夫、小泉とその後妻となった従姉に会ったのも、この時である。成功した女優となって現れた花子に、小泉はどのような言葉をかけたのであろうか。

花子は、親族に挨拶した後は、英国のコクランたちとの約束を果たすべく、『キムスメ』の縁を頼って、すでに帰国していた生田葵山を東京に訪ねた。新たな台本を書いてもらうことと、踊りができる人材を紹介してもらうことが、その訪問の目的であったようである。

花子がいつ英国に戻ったのか、その確かな日付は分からないが、外務省外交史料館所蔵の「外国旅券下付表（東京府、大正六年一月一日〜三月三一日）」によると、一九一七年二月、花子と四人の女性（西田きくえ、木内清、久保幸、森川しづ）に旅券が下付されている。花子（太田ひさと記載されている）を筆頭にして続けて名が記され、全員の旅行目的が「演劇興行」となっているので、この四名が、花子と共に渡航することになった踊り手たちだということが知れる。最後に旅券が下りたのは森川しづで、その日付は二月二六日である。この後、程なく出国したと考えたいところだが、そうではないらしい。

ドイツの潜水艦（Uボート）による無差別攻撃の恐れから、英国への渡航はかなり難しくなっており、この時、花子はロシア経由で英国に向かうことを考えていたようだ。希望どおり旅券は下付されたものの、その直後にロシア革命（二月革命、あるいは三月革命とも）が起こったので、しばらく様子をみることになったのだと思われる。そして、当初の予定よりかなり遅れて渡英することになった模様である。[43] 戦争という非常時であり、たとえ英国に戻れなかったとしても、コクランたちは事情を了解してくれたに違いない。だが、

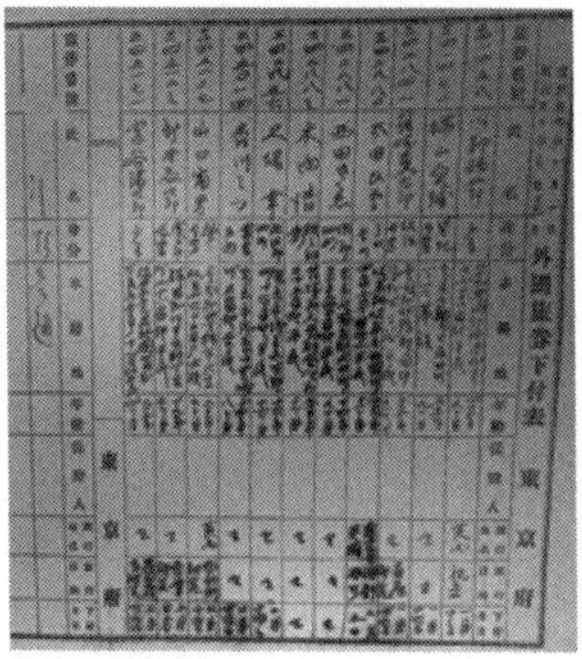

「外国旅券下付表（東京府、大正六年一月一日〜三月三一日）」マイクロフィルム 旅券84 外務省外交史料館所蔵

花子（中央の女性）と踊り手たち　岐阜県図書館所蔵

花子はまさに命がけで約束を守ったのである。

しかしながら、英国の新聞や雑誌を調べても、この「日本の踊り」に関する広告や劇評の類いは、なぜか見つからないのである。事によると、何らかの理由により「日本の踊り」の公演は、実現がかなわなかったのかもしれない。思いのほか長くなってしまった一時帰国により、状況が変わってしまったこともありうる。ただし、花子本人は同年（一九一七年）の秋には、ロンドンのコリシーアムで『キムスメ』を演じていたことを、新聞記事からたどることができる。[44]

花子は、英国の舞台に立ち続けたのである。

少なくとも一九一八年の末までは、女優業を続けていたようで、マンチェスターのヒッポドローム[45]やレディングのパレス・シアター[46]、ロンドンのコリシーアム[47]などで『キムスメ』を上演していたことが、新聞に掲載された広告によって知れる。ついに戦争の終結した同年の暮れには、パリでも久しぶりに公演を打ったようである。[48]

しかし、以前よりも公演数が減ったのは明らかで、何か新しい事業を始めようと、花子は女優業の傍ら、ロンドンのドーセット・スクエア（現在のメリルボン駅近く）に「湖月（こげつ）」という日本料理店を開くことにした。そこに初めて誕生した本格的な日本料理店とあって、「湖月」は、ロンドンに滞在する日本人で足を運ばない者はない、と言われるほど大繁盛したという。[49]

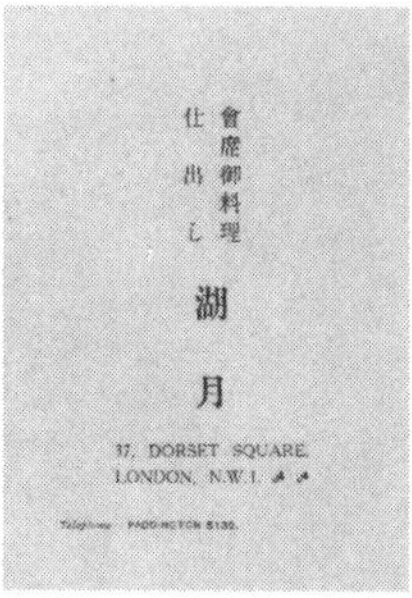

「湖月」の名刺 仕出し（出前）もおこなっていたようである 岐阜県図書館所蔵

「湖月」内部の様子（名刺の裏面）岐阜県図書館所蔵

たとえば、小説家の武林《たけばやし》無《む》想庵《そうあん》（一八八〇〜一九六二）も、最初の外遊時に、妻の文子や赤ん坊のイヴォンヌと共に湖月に足しげく通ったらしい。花子は日本人の赤ん坊が懐かしくてたまらないようで、イヴォンヌを非常に可愛がってくれたという。武林は、『キムスメ』や『おやおや！』を花子に書いてくれた生田葵山の紹介で湖月を訪ねたらしいが、[50]湖月は、日本人同士が交流する貴重な場となっていたようだ。花子の頭には、自分が何くれとなく世話になったアントワープの日本料理店がモデルとしてあったのではないか。[51]今度は自分が同胞を助けたいと願っての出店であったように思えてならない。

花子はビジネスパーソンとしてのセンスも持ち合わせた女性であった。彼女をヨーロッパの演劇界に売り込んだロイ・フラーの姿と重なるものがある。多少の浮き沈みがあったとはいえ、厳しい欧米のショービジネスの世界を生き抜き、ついには英国で立派な店まで持った彼女は、当時海外では多くはない日本人の成功者であったといえよう。

ところで、日本の踊りを上演しようと企画したアンバサダーズ劇場の支配人コクランであるが、それからかれこれ一〇年ほど経った一九三〇年、剣劇の筒井徳二郎一座が欧米巡業をおこなった際、一座と契約してそのロンドン公演を支えている(52)。これは、もしかすると花子の縁がつないだものとするのは、考え過ぎであろうか。

思えば、本書に登場した人物のほとんどが、不思議な縁によってつながっている。花子を売り出してくれたロイ・フラーと、花子と強い絆で結ばれたロダンは、親しい友人同士であった。花子に作品を提供してくれた生田葵山は、スタニスラフスキーから花子について聞かれ赤くなった小山内薫と知人であり、のち、貞奴の経営する児童劇団を手伝っている。また、小山内は武林無想庵と尋常中学校時代からの近しい友人である。花子の成功のからくりを見抜いたエドワード・ゴードン・クレイグは、スタニスラフスキーに招かれてモスクワ芸術座で『ハムレット』を共同演出しており、花子がモスクワで親しくなったというイサドラ・ダンカンとは子までなした仲であった。『花子』を書いた森鷗外は、お気に入りの日本人メイドを花子にちなんで「花」と呼んだコッホに師事していた。そして、図らずも欧米の演劇界において花子の先輩となった貞奴は、花子も所属していたエージェンシーに自らの興行の手配を頼もうとしていた。自分や自分の近しい者が花子とつながりを持っていることに、気付かなかった人もいたことだろうが、もしそのことを知ったらどうだったであろうか。人と人との巡り合いの妙に、感じ入ったのではないだろうか。

旅の終わり

「そろそろ日本へ帰るべき時だ」

湖月の経営がうまくいっていたとはいえ、そうした考えが、花子の頭にしばしば浮かぶようになった。

「やりたいこと、やるべきことは、すべてやった」

とも思えた。

母親の健康状態が悪いという知らせが届いたこともあり、ついに花子は、長きにわたった海外生活を切り上げる決意をした。花子と同様にロンドンに避難し、アンバサダーズ劇場での花子の公演を観て、その成功を喜んでくれたロダンもロダン夫人ローズも、一九一七年にまずローズ、そしてロダンと続くようにしてこの世を去っており、思い残すことはほとんどなかった。そして幸せなことに、この時、花子には、自分を迎えてくれる場所が日本にあった。

一つだけ願ったのは、ロダンが自身をモデルにした作品を、どうしても持って帰りたいということであった。思ったことは、すぐ行動に移すのが花子である。彼女は地道に交渉を重ね、ロダンの死後、すべてフランス国家のものとなっていた作品のうち二点（「死の顔・花子」「空想する女・花子」）を手に入れることに成功したのだった。ロダンのもと秘書など、縁に連なる人々に助力をあおぎ、生前ロダンが、花子がモデルとなった作品を彼女に与えると言っていたことを、フランス政府に証明したのである。

花子は実は、一度すでにロダンから自分をモデルにした作品を一つ譲り受けていて、それを紛失するという、信じられないような失態をおかしていた。一九一二年から一九一三年にかけて、第三回目のロシア巡業をおこなった時のことで、ロシア入りする前にドイツの駅に大きなトランクに入れた形で預けておいたところ、巡業が長引いたために、受け取りに行った時には、すでに売り払われてしまっていたのである。このことは、彼の地で新聞ダネとなってしまい、恐らくロダンもその事件のことを知っていたに違いないが、会った時に何も言わなかったので、花子も知らん顔をしていたとのことである。[53] 普通であったら、まさに「合わせる顔がない」というところであろうが、花子のこうした変に悪びれない性格をもロダンは愛したのかもしれない。いずれにしても、こうした「前科」があったにもかかわらず、フランスの財産ともなっていたロダン作品を二点も自らのものとした手腕は、称賛に値するのではないか。

こうして憂いを残すことなく、およそ二〇年に及ぶヨーロッパでの生活に別れを告げ、花子が日本に最終的な帰国を果たしたのは、一九二一年一二月のことである。五三歳になっていた花子は、立派な毛皮のコートをまとい、いかにも成功した女優らしい姿で母国へと戻っている。日本での落ち着き先は、岐阜で新駒屋という芸者置屋をしていた妹たかをのところであった。

それからは、一つ所に落ち着く穏やかな日々を送った花子であるが、一九二七年には、ロダンの熱烈な崇拝者でもあった詩人・彫刻家の高村光太郎（一八八三〜一九五六）の訪

帰国船上の花子（中央の女性）岐阜県図書館所蔵

問を受けた。高村は、その時の花子の印象を以下のように述べている。

「小さい《プチト》花子《アナコ》」で通つてゐた程あつて、彼女は成程小柄な、きりりとした、眼の綺麗な、口のしまつた、色の白い、人をそらさぬ「をばさん」であつた。ぎんとひびく声が流暢につづいて耳に快い(54)。

高村は花子から、「死の顔」の制作過程や日常のロダンについての様々なエピソードを詳しく聞き、会談後、親しくロダンに会った思いがして、身内の燃え立つのを感じたという。

ヨーロッパでは有名女優であり、セレブリティーでもあった花子だったが、帰国後、日本の舞台に立つことはなかった。子供を持たなかった花子は、弟の息子を養子にもらい、やがて生まれた孫の成長を唯一の楽しみに、芸能の世界とは一線を画した静かな余生を送ったのである。海外での人気の華々しさと日本での無名性——これが花子の存在を特別なものにしているように思われるが、背筋のピンと伸びた厳しいようなその姿は、誇り高き女優としての面影を留《とど》めているように見える。

『ロダンと花子』[55]という本を書かれた澤田助太郎氏は、このお孫さん（正子さん）の御夫君であるだけでなく、花子のすぐ下の妹・はまの孫でもあられるので（花子は澤田助太郎氏の「大伯母」であり、正子さんと澤田助太郎氏は「はとこ」ということになる）、晩年の花子の様子を最もよくご存じである。新駒屋に落ち着いてからは、芸事は、ふっつりとやめたという花子であるが、澤田氏の描写されている花子の日常には、ヨーロッパでの華やかな生活の名残が感じられる。澤田氏は以下のように帰国後の花子の姿を紹介している。

晩年の花子 岐阜県図書館所蔵

何でも新しいもの、一流のものを花子は好んだ。当時調味料と言えば、味噌、醤油に、塩と砂糖ぐらいのもので、味の素が出たばかりであった。花子は陶器の入れ物に入った貴重品のような味の素を早速「ぜにや」(岐阜で今でも営業している一八三二年創業の老舗——引用者注)で買って来て使わせた。花子の大好物はタン・シチュウであった。今でもかなりぜい沢であるタンを使う料理を当時扱う店は少なかった。西洋料理そのものが珍しかった時代である。花子は三河亭(八ツ寺町 現在は閉店——引用者注)のタン・シチュウは特においしいと言って気に入りであった。「タンが入りました」と三河亭から電話が入ると花子は待ってましたとばかり注文して、これを正子にも食べさせた。(……)うなぎも好物で、ロンドンの湖月の番頭をやらせていた川村が来訪すると、この人も鰻好きであるので、伊奈波通りの大浜屋(現在は左岸《さがん》というカフェになっている——引用者注)から取りよせて食べた。食べ物にこんなぜい沢をする人間は当時珍しかったと思われる。(56)

花子のこうした、一流のものを好み、新しいものに果敢に挑戦する姿勢こそ、長年にわたる海外滞在を可能にし、自身を成功へと導いたのであろう。(ちなみに、孫の正子さんは、「タン」が牛の舌であると聞かされてからは、タン・シチューを絶対に食べなくなったそうである。)花子が日本食なしでは生きられないタイプの人であったら、これほど長く海外で旅興行を続けられたかどうか疑問である。実際、花子を見出したロイ・フラーは、花子一座と川上（貞奴）一座の違いを、以下のように説明しているのである。

貞奴は三〇名の座員を引き連れてきたが、これらの三〇名は、他の国籍の九〇名以上に金がかかった。彼らを持てなす義務があった上、彼らが乗る列車には、米、塩漬けの魚、きのこ類、漬物などを積み込んだ車両を連結しなければならなかったからである。こうした日本のごちそうは、貞奴自身と座員三〇名にとって必要不可欠だった。（……）こうした苦労に疲れ果て、とうとう私は別の一座を結成した。その一座は貞奴の一座と同じくらい素晴らしく、しかも、米と塩漬けの魚なしで旅することを厭わなかった。(57)

その「別の一座」が花子一座というわけである。かなり誇張されている眉唾物の話であるが、花子たちが「米と塩漬けの魚なし」でも我慢したというのは、本当だったのではないだろうか。たかが日本食、されど日本食である。洋食オンリーの日々はさぞ辛かったに違いない。一同皆「今ここに、ご飯と漬物さえあれば」と何度も思ったことだろう。花子が外国暮らしの最後に日本料理店を開くことに決めたのは、その積年の思いにもよるのかもしれない。

花子は、「マダム花子」時代のことも含めて、過去のことをほとんど語らなかったというが、旅から旅への厳しい日々に比して、まさに「楽隠居」状態で老後を送ることができたこと自体が、彼女の海外での成功を証明しているともいえよう。

大女優が陥りがちな孤独な晩年を過ごすことがなかったのは、何よりのことだった。花子の家人は、花子より比較的大きい花子の妹・たかをのことを「大きいばあちゃん」花子を「小さいばあちゃん」と呼んで区別し、親族は彼女のことを「イギリスのおばあちゃん」、花子の弟妹は単に「イギリス」と親しみを込めて呼んだという。[58] 英国を拠点とし、知らぬ人のいないほどの人気女優となり、著名人名録『フーズ・フー・イン・ザ・シアター』に名を記されることになった女性にふさわしいあだ名であるといえる。

澤田氏が挙げられたその「小さいばあちゃん・花子」についての話で特に興味深いのは、以下のエピソードである。

ある時、裏の離れに妹はま（この人だけが芸妓にならなかった）の主人徳三郎が遊びに来ていたところ、お茶を出した三味線持ち（芸者の見習い――引用者注）の一人が急須を落として破損した。まだ接着剤のなかった当時のことで、飯粒をねって張り合わせてごまかした。これを大きいばあちゃんに見付けられ、叱られていたのを、花子は「破《こわ》れものだから破《こわ》れるのは仕方がない」と言ってなだめた。大きいばあちゃんも人は良い方であったが、思った通りを何でもポンポン口に出す性格であったから、時としては若い妓等には辛《つら》く当たることがあった。髪染めの道具を三味線持ちに片付けさせたら、いつもの所と違う所へ納《しま》ったので、あとで出そうとしても見付からなくて大層怒ったことがあるが、この時も花子は「自分のものなら自分で納えばよい」と言って妹の方を叱った。(59)

誰にも頼ることなく、幼少時代から自らの芸一つで生き抜いてきた花子には、幼く立場の弱い者の気持ちが痛いほど分かったのであろう。著名な人物や身分の高い人物の前でも怖気づくことのなかった花子は、相手によって態度を変えるような人では、決してなかったようである。身体は小さくとも、器の大きい女性であった。それゆえ、晩年になって持つことになった家庭でも、皆から慕われたのだろう。

花子が静かにその人生の幕を下ろしたのは、第二次世界大戦が終盤を迎えようとしていた一九四五年四月二日のことである。自分の舞台に称賛の声を贈ってくれた国々と敵味方に分かれての戦争に、花子はどれだけ心を痛めていたことであろうか。七八歳の誕生日を目前に控えての死であり、死因は、虫刺されがきっかけとされる丹毒（一種の皮膚の感染症）であった。

こうして花子という女性の生涯を振り返ってみると、その人生は、まさに試練やチャレンジの連続であったように思われる。「芸者としての渡欧」「日本演劇の一座への女優としての参加」「座長への抜擢」「ロダンからのモデル依頼」「モスクワ芸術座のメンバーを前にしての実演依頼」「アンバサダーズ劇場での穴埋め出演依頼」「ロンドンでの日本料理店開店」――普通の人間であったら、その一つでも尻込みしてしまうような大きな挑戦に、花子は果敢に取り組み、成功を積み重ねていったのである。〈幸運な人〉というよりも、〈チャンスを逃さず自らを幸せにした人〉であったといえるだろう。ロダンが花子の内に見た美――内面の火――は、この、より良く生きようとする意思のエネルギーだったのではないだろうか。

花子が海外へ飛び出した二〇世紀初頭は、二つの大戦により、世界の国々の地図が大きく塗り替えられ、それぞれの社会体制の違いによって、行き来するのが難しくなる直前の時期であった。それゆえ花子は、さしたる困難もなく諸国を巡り、文化風俗の異なる場所で、多くの観客に「日本演劇」を見せることができたのである。また、それは、その国際舞台における立場や、ジャポニスムの影響で、好意的に見られていた日本という国に対する評価が、反転してしまう前の最後の輝きの時でもあった。

そうした時代の状況に関しては、確かに奇跡的に恵まれたともいえるが、「国情がよく分からないから」「失敗するかもしれないから」と上演を少しでも躊躇したら、また、少しでも女優としての自らの力量に不安を覚えたら、「マダム花子」のこの成功はあり得なかったのである。

花子は、旅芸人や芸者としての経験を恥じるどころか、そうした過去に自信と誇りを持っており、「自分には無理だ」と考えることはなかった。また少々ひどい目に遭ったり、失敗したりしても「もういっぺんやってみよう」と再び試みる大らかさも持ち合わせていた。二〇世紀初頭、海外で日本演劇を紹介するに適任であり、まさに、国際社会で成功をおさめるにふさわしいセンスの持ち主であったといえよう。花子は確かに時代に愛されたが、愛されるだけのことのある人物であった。

優れたビジネス感覚を持ち、賢い女性であった花子は、海外での自分の舞台が、西洋が日本に持つイメージを利用した、「西洋向け」の舞台であるのを自覚していたことだろう。それゆえ、帰国後、日本で演劇に携わることはなかったのではないだろうか。それは確かに、西洋と日本（花子）の一種の合意の上に成り立った舞台だったのである。

今は、各国の情報は知識としても視覚的にも、瞬時にして得られるようになった時代である。海外公演において自国のものをいかに見せるか——独自のものを見せようとするのか、そもそも、独自のものとは何なのか——花子の舞台とその成功は、海外で自国の演劇を上演する際、関係者が必ず直面する問題に対して多くの示唆に富んでいる。その意味でも、花子は単なる時代のあだ花ではないのである。

花子の舞台は、西洋が日本に持つイメージを支えるだけの技術や芸を、彼女が持っていたからこそ、成り立ったものだったのである。そして、見識ある者や優れた芸術家は、演じられた台本についてよりも、花子の芸や舞台そのものに目を奪われた。彼女が残した「鍛え上げられた身体を持ち、表現力があり、技芸に長けた」日本俳優像、そして、「エンターテインメント性が高く、真にシアトリカルである」日本演劇像は、時代を越えて受け継がれ、現在にまでその残像が生き続けているように思われる。それは、決して恥ずべきものではないイメージといえるのではないか。花子は、自信と誇りをもって、初期の「日本の代表」としての役割を果たしたのである。

彼女の成功は、当時の日本のジャーナリズムや知識人が考えたように「芸者が海外で偶然、女優としてもてはやされた」ものではない。「もと芸者だったからこそ、海外で女優として通用し、その芸が注目された」のである。花子が、海外のエージェンシーと契約して国際的に活躍したアーティストの先駆者であることも、忘れずにおきたいものである。二〇世紀初頭、国際舞台で鮮やかに咲き誇った「マダム花子」の日本女優としての輝きは、永遠に失せることはないだろう。

結び

花子の縁者・澤田助太郎ご夫妻書面インタビュー

自分はなぜ、このように花子という女性が気になるのか。

それは、やはりその生き方に惹かれるからなのだろう。

時代の申し子といえる花子であるが、現在、国際社会でうまくやってゆく秘訣のようなものを、彼女が教えてくれているように感じるのである。

海外に行くたびに、頭に浮かぶのは彼女のことで、ちょっとしたコミュニケーション上のトラブルに遭うと、「花子だったらどうするだろう」とつい考えてしまう。まず、自分が花子と同じくそこでは日本人を代表していることを思い出す。そして、「毅然として」「媚びず」しかし、できるだけ「大らかであろう」と心がけて交渉し、うまくいく。花子のことをよく知る以前は、頭に血がのぼってつい怒りを口にしたり、逆に言いたいことをグッと呑みこんでしまったりしたものである。会うことはできなかったが、私にとって花子は、とても身近な人生の先輩なのである。

残念ながら、実際の花子について語ることができる方は、もはや澤田助太郎氏と奥様の正子さんしかおられない。どうしても、今のうちに、お二人に花子についてうかがい、その言葉を記録しておきたいと思い、澤田氏がご高齢ということもあり、書面でインタビューをさせていただいた。

以下が、その模様である。

質問一 花子さんのような方をお身内に持たれたことをどう思っていらっしゃいますか。

澤田氏 花子の生涯を思う毎に、勇気と励ましを得ることが出来、このような身内を持ったことを、限りなく幸運に思っています。

正子氏 一人っ子の私にとって花子は唯一の、たのしい遊び仲間、それに加えて、ほしい物は、何でもオネダリ出来、おいしいものも食べ歩きという毎日でした。

花子にとっても初めて孫をもって平凡で、うれしい毎日だったと思います。

質問二 花子さん（の生き方）は、澤田先生の、奥様の、ご人生にどのような影響を与えましたでしょうか。

澤田氏 花子は小生の祖母の姉（拙著『ロダンと花子』二二頁参照）であり、住居も比較的近かった故もあって、孫の正子をつれてよく来訪しました。小生は年少の頃から花子の気に入られていた様であり、小生も正子の価値がよくわかるようになって、遂にこの大切な一人っ子と結婚することになりました。これが小生の人生を最高に幸福なものにしました。

正子氏 私が花子の生立ち等を知ったのは、主人の『ロダンと花子』の本からです。花子は自分の以前の生活を、何一つ話しておりません。花子の賢さが、これだけでよくわかります。

質問三 ご家族の方々（澤田先生のご両親や奥様のご両親など）が花子さんについて語

っていらしたこと（花子さんのお人柄が分かるエピソードなど）がございましたらお教えくださいませ。

澤田氏　拙著『ロダンと花子』（中日出版社　平成8年一四七頁）参照。

正子氏　当時のおばあさん等の話題は、嫁の悪口と人の噂話だけです。花子は、それをしませんでした。むしろ母は一緒に生活していた花子の妹なんかに何か言われた時など、花子は妹をしかってくれたそうです。

花子は、お二人の記憶の中に今もなお鮮やかに生きている。温かい家庭というものを全く知らずに育った花子は、晩年になってやっと、それがどういうものであるか、味わうことができたのである。そのようにして持つことができた家族に、亡くなって七〇年以上経っても、これだけ慕われ、誇りとされている花子は、やはり幸せな女性であったのだと思わずにはいられない。そしてその幸せも、確かに彼女が自らつかみ取ったものだったのである。

【注】

はじめに

（1）代表的な論文（文献）としては、サン・キョン・リー著『東西演劇の出合い――能、歌舞伎の西洋演劇への影響』、西一祥監修、田中徳一訳、新読書社、一九九三年および Erika Fischer-Lichte の *The Show and the Gaze of Theatre: A European Perspective*, University of Iowa Press, 1997 が挙げられる。リーは、花子などの日本の巡業劇団は、出し物の選択においても、上演様式においても、日本の伝統演劇の権威ある姿を見せたわけではないが、ヨーロッパの演出家たちは、彼らの舞台をとおして、日本演劇の特徴をある程度知ることができた、としている。また、Fischer-Lichte は花子と貞奴は、当時隆盛であった自然主義の舞台に代わるものを求めていた、ヨーロッパおよびロシアの演劇改革者や観客に「シアトリカル」な舞台の一例を見せた、としている。

第一章

（1）太田花子「芸者で洋行し女優で帰る迄の廿年」、『新日本』、一九一七年一月号、八七頁。以下、花子の生い立ちについては、ほぼ、この花子自身の回想録（聞き書き）による。

（2）一九一六年一〇月二六日付の『万朝報』の「マダム花子（1）」という記事において、花子自身が「西川を習った」と語っている。

（3）太田花子「芸者で洋行し女優で帰る迄の廿年」、八八頁。

（4）置屋に売られる前の数年間、花子は枇杷島の子供芝居の一座に加わっていたらしい。（太田花子「芸者で洋行し女優で帰る迄の廿年」、八九頁。）

（5）女役者の市川九女八が、「芸談百話（2）技芸の話」（『演芸画報』、一九〇七年四月号、八頁）において、弟子に少しでも厳しくすると、特に容姿の優れた者はすぐ役者をやめ、芸者になってしまうとこぼしている。

（6）太田花子「芸者で洋行し女優で帰る迄の廿年」、九〇頁。

（7）倉田喜弘が『海外公演事始』（東京書籍、一九九四年）で指摘しているように、日本の文化や風俗を紹介するいわゆる「日本人村」の一つであったと思われる。

（8）『海外渡航関係雑件』第四巻（外交史料館所蔵）では、六名となっている。

（9）太田花子「芸者で洋行し女優で帰る迄の廿年」、九二頁。

（10）倉田喜弘『海外公演事始』、東京書籍、一九九四年。

（11）資延勲『ロダンと花子――ヨーロッパを翔けた日本人女優の知られざる生涯』、文芸社、二〇〇五年。

（12）太田花子「芸者で洋行し女優で帰る迄の廿年」、九一頁。

第二章

（1）『海外渡航関係雑件』第四巻（外交史料館所蔵）による。夏目漱石も英国へ留学する際、横浜からプロイセン号に乗船している。

（2）太田花子「芸者で洋行し女優で帰る迄の廿年」、九二頁。

（3）「マダム花子（1）」、『万朝報』、一九一六年一〇月二六日。
（4）阿部光子「ガントレット恒子」、『国際舞台の女性たち』（近代日本の女性史 第七巻）、集英社、一九八一年、一一五―一一六頁。
（5）日本郵船が一八九六年より日本―欧州の定期航路を横浜―アントワープ間で開始していた。
（6）太田花子「芸者で洋行し女優で帰る迄の廿年」、九三頁。青園謙三郎の『松旭斎天一の生涯――奇術師一代』（品川書店、一九七六年、一五七頁）では、天勝が盲腸により入院して休演したのは、アメリカ公演時のこととなっている。
（7）太田花子「芸者で洋行し女優で帰る迄の廿年」、九三頁。
（8）同、九五―九六頁。
（9）一九〇五年一〇月二日付のサヴォイ劇場のプログラムによる。ロンドン演劇博物館 London Theatre Museum 蔵。
（10）『サンデー・タイムズ The Sunday Times』、一九〇五年一〇月八日、『デイリー・メイル Daily Mail』、一九〇五年一〇月二八日。
（11）『マンチェスター・カリアー・アンド・ランカシャー・ジェネラル・アドバタイザー Manchester Courier and Lancashire General Advertiser』、一九〇九年九月一四日。
（12）一九〇五年一一月三〇日付の『大阪時事新報』に掲載された「日本悲劇の失敗 倫敦にて」という記事による。英国の雑誌『バイスタンダー Bystander』に掲載された『ハラキリ』の劇評の要旨を紹介したものである。『イラストレイティッド・ロンドン・ニュース Illustrated London News』、一九〇五年一〇月七日にも同様の劇評が見られる。

（13）このロイ・フラーとの出会いは、花子の回想録（「芸者で洋行し女優で帰る迄の廿年」）に基づいている。フラーによると、ロンドンで花子の参加している一座が契約を申し込んできたが、その時は別の興行師を紹介し、彼らがコペンハーゲンで公演を打つことになった折、自らもそこに居合わせたので、今度は花子を座長にすることを条件に、一座のプロデュースを引き受けることにした、ということである（Loie Fuller, *Fifteen Years of A Dancer's Life*, Small, Maynard & Company Publishers, 1913, pp. 208 — 209.）。

（14）太田花子「芸者で洋行し女優で帰る迄の廿年」、九六頁。

（15）Loie Fuller, *Fifteen Years of A Dancer's Life*, Small, Maynard & Company Publishers, 1913, p. 209.

（16）同、pp. 209 — 210. 以下、特に断りがない限り、外国語の和訳はすべて著者による。

（17）同、p. 210.

（18）同、p. 209.

（19）澤田助太郎『ロダンと花子』、中日出版社、一九九六年、四七—五〇頁。

（20）同、五七—五八頁。

（21）同、四六—四七頁。

（22）太田花子「芸者で洋行し女優で帰る迄の廿年」、九六頁。

（23）Loie Fuller, *Fifteen Years of A Dancer's Life*, pp. 215 — 216.

第三章

（1）太田花子「芸者で洋行し女優で帰る迄の廿年」、九七頁。

（2）Marie-Pierre Delclaux and others, *The Little Book of Rodin*, Susan Pickford（trans.）, Flammarion, 2002, p. 55.

（3）澤田助太郎『ロダンと花子』、三九頁。

（4）太田花子「芸者で洋行し女優で帰る迄の廿年」、九七頁。

（5）「貴重な美術品としてのロダンのモデルとなった岐阜生れのお花さんの話（上）」、『岐阜日日新聞』、一九二五年一月六日。

（6）このロイ・フラーとの和解も、花子の回想録（「芸者で洋行し女優で帰る迄の廿年」）に基づいている。フラーによると、アントワープの安っぽい演芸場で囚われの身となっている花子が、自分に助けを求めてきたので救った、ということである（Loie Fuller, *Fifteen Years of A Dancer's Life*, pp. 213 — 214.）。出会いについての説明と同様に、接触を求めてきたのは、あくまでも相手側だと双方が主張しているのは興味深い。

（7）Loie Fuller, *Fifteen Years of A Dancer's Life*, p. 210.

（8）「美術品としてのロダンのモデルとなったお花さんの話（三）」、『岐阜日日新聞』、一九二五年一月八日。

（9）Kathy Foley と James R. Brandon も、花子が歌舞伎独特の技法「にらみ」を舞台上で見せていたことと、ロダンの「死の顔」がその花子の「にらみ」を捉えたものであることを指摘している。（Kathy

Foley, "Hanako and the European Imagination", *Asian Theatre Journal,* Vol.5, No.1, 1988, p. 79. James R. Brandon "On Little Hanako", *Asian Theatre Journal,* Vol.5, No.1, 1988, pp. 92—93.)

(10)「美術品としてのロダンのモデルとなったお花さんの話（四）」、『岐阜日日新聞』、一九二五年一月九日。

(11)現在の所蔵先である新潟市美術館は「空想する女・花子」としている。

(12)「美術品としてのロダンのモデルとなったお花さんの話（三）」、『岐阜日日新聞』、一九二五年一月八日。

(13)河竹登志夫『近代演劇の展開』、日本放送出版協会、一九八五年（初版一九八二年）、一三二頁。

(14)「美術品としてのロダンのモデルとなったお花さんの話（三）」、『岐阜日日新聞』、一九二五年一月八日。

(15)高村光太郎訳「ポール グゼル筆録」、『ロダンの言葉抄』、岩波書店（岩波文庫）、二〇〇二年（初版一九六〇年）、二五九頁。Auguste Rodin. L'Art entretiens reunis par Paul Gsell, 1911 よりの抜粋。

(16)志賀直哉「新作短篇小説批評」、『白樺』第一巻第五号、一九一〇年、一九頁。

(17)どのような経歴の日本女優であるのか不明である。

(18)森 林太郎「屹度有望だ」（伊原青々園筆記）、『歌舞伎』第百一〇号、一九〇九年、七五頁。

(19)ドナルド・キーン「鷗外の『花子』をめぐって」、『日本の作家』、中央公論社、一九九〇年（初版一九七二年）、一五—一六頁。

(20)平川祐弘「森鷗外の『花子』―見返りの心理―」、『和魂洋才の系譜――内と外からの明治日本』、河出書房新社、一九八七年、二八〇頁。
(21)篠原義彦「森鷗外における東と西の問題」、『高知大学 学術研究報告 人文科学』第四一巻、一九九二年、一七頁。
(22)森 林太郎「花子」、『鷗外選集』第二巻、岩波書店、一九七九年、二六七―二六八頁。
(23)シャルル=ピエール・ボードレール「玩具のモラル(Morale du joujou)」、『ボードレール全集』第四巻、阿部良雄訳、筑摩書房、一九八七年、一二〇頁。
(24)森 林太郎「花子」、二七〇―二七一頁。
(25)清田文武『鷗外文芸の研究 中年期篇』、一九九一年、有精堂出版、四〇六頁。
(26)小堀桂一郎『森鷗外―文業解題(創作篇)』、岩波書店、一九八二年、五四―五五頁。
(27)高村光太郎訳「ポール グゼル筆録」、二五八―二六一頁。
(28)山根弘子「個別性の発見―森鷗外『大発見』と『花子』―」、『湘南文学』第三八号、二〇〇四年、一八五―一八六頁。

第四章

(1)太田花子「芸者で洋行し女優で帰る迄の廿年」、九九頁。
(2)『ロサンゼルス・イグザミナー Los Angeles Examiner』、一九〇七年一一月一〇日。
(3)『ニューヨーク・タイムズ The New York Times』一九〇七年一〇月二七日。

（4）同。

（5）ギルドホール Guild Hall の学芸員であるジェス・フロスト Jess Frost 氏に所蔵を確認することができた。この人物画が描かれた経緯や、花子と画家・ウルマンの関係についての詳細は、不明とのことである。

（6）"Ben Ali Haggin's Paintings Shown in a Recent Exhibition," *Touchstone*, Vol. 3, 1918, p. 136.

（7）ミレーの絵に刺激を受けて書き上げた詩「くわを持つ男 The Man with the Hoe」（一八九九年）で脚光を浴びた。

（8）『デモイン・レジスター Des Moines Register』、一九〇七年一一月三日。

（9）同。同じ記事が一九〇七年一一月三日付の『シカゴ・デイリー・トリビューン Chicago Daily Tribune』等にも掲載されている。

（10）『ニューヨーク・タイムズ The New York Times』、一九〇七年一〇月二七日。

（11）『ニューヨーク・タイムズ The New York Times』、一九〇七年一〇月二八日。

（12）『ニューヨーク・トリビューン New York Tribune』、一九〇七年一一月一三日。

（13）『ニューヨーク・タイムズ The New York Times』、一九〇七年一一月二七日。

（14）同。

（15）『シカゴ・デイリー・トリビューン Chicago Daily Tribune』、一九〇七年一二月一日。フランクリン・ファイルス Franklin Fyles の劇評である。

（16）『ボヘミアン Bohemian』、一九〇八年二月。

(17) ニューヨーク公共図書館の専門図書館、パフォーミングアーツ図書館 New York Public Library for the Performing Arts 所蔵のバークレー・ライシアムのプログラム(一九〇〇年三月八日のものと思われる)による。

(18) ニューヨーク公共図書館パフォーミングアーツ図書館 New York Public Library for the Performing Arts 所蔵の誌名不明、日付不明の記事(一九〇七年一一月との記載あり)による。

(19) 太田花子「芸者で洋行し女優で帰る迄の廿年」、九九頁。

(20) 花子の回想録によると、吉川が肺病と診断されたのは、花子たちがアメリカ公演からパリに戻ってからとのことであるが(太田花子「芸者で洋行し女優で帰る迄の廿年」、九九頁)、アメリカ公演時から体調が悪かった可能性もあるように思われる。

(21) ロイ・フラーは *Fifteen Years of A Dancer's Life* において、花子の夫はサトウ Sato としているが(p. 216)、サヴォイ劇場の『ハラキリ』の写真(サトウは景清役を演じている)などを見る限り、サトウと吉川は同一人物とは思えない。

(22) 太田花子「芸者で洋行し女優で帰る迄の廿年」、九九頁。

(23) プログラム等に「Kawamura」と記されたものは今のところ見つかっていない。芸名を名乗っていたのかもしれない。川村は、のち、花子がロンドンで開いた湖月という日本料理店の番頭となり、花子が帰国した折には、その経営を引き継いでいる。

(24) 山本夏彦『無想庵物語』、文藝春秋(文春文庫)、一九九三年、一九七―一九八頁。

(25)『タイムズ The Times』、一九〇八年七月一五日。

(26) 花子の夫である吉川は、座員の不足から結核の身をおして舞台に立ったようである。
(27) 『ウィットビー・ガゼット Whitby Gazette』、一九〇八年七月二四日。
(28) 『デイリー・ニュース The Daily News』、一九〇八年七月二一日の記事による。記事には E.A.B. という署名がある。
(29) 太田花子「芸者で洋行し女優で帰る迄の廿年」、九九頁。
(30) 二〇〇九年にエンデヴァー・エージェンシーと合併し、現在はウィリアム・モリス・エンデヴァー・エンターテイメント William Morris Endeavor Entertainment となっている。
(31) 太田花子「芸者で洋行し女優で帰る迄の廿年」、九九頁。
(32) 「貞奴三度目の欧米行き」、『東京朝日新聞』(朝刊)、一九一六年九月九日に「倫敦演劇界の監理者ブラフ会社と紐育の演劇組合が其行の為に凡て斡旋の労を執っている」とある。
(33) 花子は一九一六年の秋に一時帰国しているので、たとえ貞奴の渡欧が実現したとしても、入れ違いになっていたかもしれない。
(34) 『イラ The Era』、一九一〇年三月一二日ほかにシレック・アンド・ブラフの広告が見られる。
(35) 太田花子「芸者で洋行し女優で帰る迄の廿年」、九九―一〇〇頁。一九一一年に日本に帰国した、もと花子一座の座員・黒須も、同様のことを一九一一年三月八日付の『大阪朝日新聞』で語っている。
(36) 太田花子「芸者で洋行し女優で帰る迄の廿年」、一〇〇頁。
(37) Donald Keene, 'Hanako', *New Japan*, Vol. 14, 1962, p. 126.

(38) 一九〇八年四月一五日、二二日、二三日付のプログラムによる。オーストリア演劇博物館 Österreichisches Theatermuseum 蔵。
(39) 福田眞人『北里柴三郎――熱と誠があれば』、ミネルヴァ書房、二〇〇八年、二六四頁。
(40) 北朝鮮による日本人拉致問題を取り上げた芝居で、Hanako は拉致された日本人少女の役。その意味でもまさに Hanako は日本を代表・象徴する名前であり続けているといえる。
(41) 「伯林電報 日本の名優」、『東京朝日新聞』、一九一〇年二月二三日。
(42) 「ロダンの〝恋人〟『お花さん』の顔」、『週刊読売』、一九六六年九月九日号、二四頁。
(43) ジャーナリストの玉井喜作(一八六六~一九〇六)が創刊した『東亜 Ost=Asien』を、玉井の没後、引き継いで刊行していた。〝ベルリンの私設公使〟と称されるほど面倒見の良かった玉井の精神を受け継ぎ、老川も異国で困っている同胞を親身になって助けてくれたようである。
(44) 坂内徳明・亀山郁夫「ロシアの花子」、『共同研究 日本とロシア』、早稲田大学文学部 安井亮平研究室、一九八七年、一二三頁。
(45) 太田花子「芸者で洋行し女優で帰る迄の廿年」、一〇一頁。
(46) 『タイムズ The Times』、一九一〇年六月二一日。
(47) 同。
(48) 『バース・クロニクル The Bath Chronicle』、一九一〇年六月二三日。
(49) 『フーズ・フー・イン・ザ・シアター Who's Who in the Theatre』を含め様々な新聞・雑誌において、花子は実年齢よりかなり若めに紹介されている。

(50)『オブザーバー The Observer』、一九一〇年六月一九日。
(51)『サンフランシスコ・クロニクル San Francisco Chronicle』、一九一〇年九月七日。
(52)『セントルイス・ポストディスパッチ St. Louis Post-Dispatch』、一九〇七年一〇月一三日。
(53)『ダービー・デイリー・テレグラフ Derby Daily Telegraph』、一九一〇年七月二一日。
(54) 英国では一九一八年、三〇歳以上の戸主または戸主の妻である女性に選挙権が与えられた(佐藤繭香『イギリス女性参政権運動とプロパガンダ——エドワード朝の視覚的表象と女性像』、彩流社、二〇一七年、一四頁)。
(55) 太田花子「芸者で洋行し女優で帰る迄の廿年」、一〇一頁。

第五章

(1) 太田花子「貴族と女優との握手」、『新日本』、一九一七年六月号、二二五頁。
(2) 一九一八年設立の川上絹布株式会社(社長は貞奴)で舎監を務めた、宇田川南城(五郎)のことと思われる。
(3) 一九一三年、モスクワに花子がやって来たところ、スタニスラフスキーはただちに自分のスタジオに招いたと、ポポフの回想(A. Popov, Vospominaniya i razmyshleniya o teatre, M., 1963, p. 93.)にあることを坂内徳明・亀山郁夫両氏が指摘している(坂内徳明・亀山郁夫「ロシアの花子」、一二五頁)。
(4) 太田花子「貴族と女優との握手」、二二八頁。

（5）スタニスラフスキー『芸術におけるわが生涯』下巻、蔵原惟人・江川 卓訳、岩波書店（岩波文庫）、二〇〇八年、一五〇―一五一頁。
（6）太田花子「貴族と女優との握手」、二八頁。
（7）同。
（8）関西劇壇の重鎮であった三代目中村宗十郎（一八三五―一八八九）、初代實川延若（一八三一―一八八五）、美貌の女方であった八代目岩井半四郎（一八二九―一八八二）のことであろうか。
（9）太田花子「貴族と女優との握手」、二八頁。
（10）小山内 薫は、一九一二年末から一九一三年半ばまで、演劇視察のためロシアおよび西欧諸国に滞在した。
（11）ロシアの流儀（ユリウス暦）の年越しであったので、年越しパーティーは、一九一三年一月一三日のことであったと思われる。小山内が自由劇場の記録と贈り物とに添えて「演劇を熱愛する日本の一青年があなたの劇場を見るのを主な目的にして遥々遠い旅をして来た」という内容の手紙をスタニスラフスキーに宛てて届けたところ、招待を受けたものである（小山内 薫「露西亜の年越し」、『小山内薫全集』第六巻、臨川書店、一九七五年、五〇七頁）。
（12）小山内 薫「露西亜の年越し」、『小山内薫全集』第六巻、臨川書店、一九七五年、五二五―五二六頁。
（13）同、五二六頁。
（14）スタニスラフスキー『芸術におけるわが生涯』上巻、蔵原惟人・江川 卓訳、岩波書店（岩波文庫）、二〇〇八年、一八八―一九一頁。および Jean Benedetti, *Stanislavski: A Biography,* Methuen

Drama, 1990, p. 23.

（15）坂内徳明・亀山郁夫「ロシアの花子」、一一七頁。出典はN.Evreinov, Lyubovnaya reklama, "Teatr i iskusstvo," SPb, 1909, No. 49. pp. 110 — 111. 和訳は坂内・亀山両氏による。

（16）同、一三三頁。出典はSb. Tvorcheskoe nasredstvo V. E. Meierkhol'da, M., 1978, p. 34. 和訳は坂内・亀山両氏による。

（17）同、一三四頁。出典はV.Meierkhol'd, Stat'i. Rechi, Pis'ma. Besedy, t.2, M., 1968. pp. 84 — 92. 和訳は坂内・亀山両氏による。

（18）同、一三三頁。出典はV.Meierkhol'd, Stat'i. Rechi, Pis'ma. Besedy, t. 2, M., 1968. pp.84 — 92. 和訳は坂内・亀山両氏による。

（19）スタニスラフスキー『芸術におけるわが生涯』中巻、蔵原惟人・江川 卓訳、岩波書店（岩波文庫）、二〇〇八年、一七二頁。

（20）坂内徳明・亀山郁夫「ロシアの花子」、一三〇頁。出典はBonch-Tomashevskii, op. cit., pp. 65 — 76. 和訳は坂内・亀山両氏による。

（21）太田花子「貴族と女優との握手」、三三三頁。

（22）同、二五頁。

（23）少年時代に花子の舞台を観て深く魅了されたという言語学者ロマン・オシポヴィチ・ヤコブソンRoman Osipovich Jakobson（一八九六—一九八二）は、ロシアでは、日露戦争当時も、日本文化に対する敵意というものは全く見当たらず、逆説的だが、戦争により、日本への関心が助長されたといえるかもしれないと語っている（山口昌男（編著）「二十世紀の知的青春―R．ヤコブソン」、『二十世紀の知的冒険――山口昌男対談集』、岩波書店、一九八〇年、一〇―一二頁）。

（24）Edward Gordon Craig, 'Kingship. Some Thoughts Concerning Hanako the Actress: Japan: India: Friendship and the King,' *The Mask*, Vol. 6, No.3, 1914, pp. 238 ― 239.

（25）太田花子「貴族と女優との握手」、三五頁。

（26）同、三六頁。

（27）島崎藤村「戦争の空気に包まれたる巴里」、『島崎藤村全集』第二〇巻、新潮社、一九四九年、一三六―一三七頁。

（28）太田花子「芸者で洋行し女優で帰る迄の廿年」、一〇二頁。

（29）一九一四年一一月一六日、一二月一日、一二月二一日、一九一五年二月八日付のアンバサダーズ劇場のプログラムによる。ロンドン演劇博物館 London Theatre Museum 蔵。

（30）生田葵山は、大正一三（一九二四）年に川上貞奴が結成した川上児童楽劇園の教師（脚本・舞台監督）となっている。

（31）『サンデー・タイムズ The Sunday Times』、一九一四年一一月八日。

（32）『イブニング・ニュース Evening News』、一九一五年一月二六日。

（33）『シティズン The Citizen』、一九一四年一一月一八日に、チャールズ・ポンド氏の病気による休演の穴埋めをするため、コクランが花子に出演を依頼したとある。

（34）和田久一（曾我廼家五郎）『曾我廼家五郎の滑稽世界見物』、井上盛進堂、一九二五年、一五三頁。

（35）一九一五年五月三日付のアンバサダーズ劇場のプログラムによる。ロンドン演劇博物館 London Theatre Museum 蔵。
（36）同。
（37）『デイリーミラー The Daily Mirror』、一九一五年一〇月八日。
（38）*Who's Who in the Theatre*, compiled and edited by John Parker, Sir Isaac Pitman & Sons, Ltd. 1916, p. 281.
（39）一九一五年四月二七日付のドゥルーリーレーン劇場のプログラムによる。ロンドン演劇博物館 London Theatre Museum 蔵。同プログラムのキャスト表によると、花子は「アンバサダーズ劇場のC. B. コクラン氏の許可のもとに」出演している。
（40）太田花子「芸者で洋行し女優で帰る迄の廿年」、一〇三頁。
（41）一九一五年四月二七日付のドゥルーリーレーン劇場のプログラムによる。ロンドン演劇博物館 London Theatre Museum 蔵。
（42）花子と伊藤道郎は、一九一五年六月一八日にプレイハウスで行われたインド人の傷病兵のための慈善興行に出演している（『タイムズ The Times』、一九一五年六月一九日）。
（43）花子は生田葵山の新作「日本の鬼と娘」を持って離日したとのことである（倉田喜弘『海外公演事始』、東京書籍、一九九四年、二四二頁）。これが上演の予定されていた舞踊劇のタイトルであろうか。
（44）『ファイナンシャル・タイムズ The Financial Times』、一九一七年一一月一〇日のコリシーアムの宣伝に花子の名がある。英国の著名女優エレン・テリー（エドワード・ゴードン・クレイグの母）の名も掲載されており、同時期にコリシーアムに出演していたようである。

（45）一九一八年八月三一日付および同年九月七日付の『マンチェスター・ガーディアン The Manchester Guardian』他に花子一座の宣伝が掲載されている。

（46）一九一八年九月二一日付の『レディング・マーキュリー・オックスフォード・ガゼット Reading Mercury Oxford Gazette』に花子一座の宣伝が掲載されている。

（47）一九一八年一〇月二日付の『ファイナンシャル・タイムズ The Financial Times』および一九一八年一〇月三日付の『デイリー・メイル Daily Mail』に花子一座の宣伝が掲載されている。

（48）一九二五年一月一〇日付『岐阜日日新聞』の「美術品としてのロダンのモデルとなったお花さんの話（五）」による。

（49）「貴重な美術品としてのロダンのモデルとなった岐阜生れのお花さんの話（上）」、『岐阜日日新聞』、一九二五年一月六日。

（50）山本夏彦『無想庵物語』、一九七―一九八頁。

（51）第一次世界大戦が勃発し、パリからロンドンに避難した花子は、しばらく「生稲」という日本料理店の世話になっている（澤田助太郎『ロダンと花子』、一三二頁）。この店も参考になったことだろう。

（52）田中徳一『筒井徳二郎 知られざる剣劇役者の記録』、彩流社、二〇一三年、二七五頁。および『タイムズ The Times』、一九三〇年六月一九日。

(53)「美術品としてのロダンのモデルとなったお花さんの話（四）」、『岐阜日日新聞』、一九二五年一月九日。
(54) 高村光太郎「小さい花子《プチトアナコ》」、『高村光太郎全集』第七巻、筑摩書房、一九五七年、一二六頁。
(55) 澤田助太郎『ロダンと花子』、中日出版社、一九九六年。
(56) 同、一五二―一五三頁。
(57) Loie Fuller, *Fifteen Years of A Dancer's Life*, pp. 207―208.
(58) 澤田助太郎『ロダンと花子』、一四五頁。
(59) 同、一四七頁。

※ロンドン演劇博物館 London Theatre Museum は二〇〇七年に閉館し、収蔵品はヴィクトリア&アルバート博物館 Victoria and Albert Museum に移されている。

※本文中の引用箇所については、漢字旧字体は原則として新字体に改め、難読文字には読み仮名を（）で加えた。

おわりに

最後は日本に戻って家族に囲まれて幸せに暮らした――と花子の晩年について話すと、少なからずの方が「え?」と、がっかりしたような顔をする。ドラマチックな終わり方ではないからだそうである。行方知れずになった、などという結末を予期するのだろう。

だが、この幸せな晩年こそ、花子が非凡であったことの証なのではないだろうか。彼女は「海外でこれだけ華々しく成功したのだから、もうじゅうぶんだ」とは決して考えず、さらなる幸せを求めたのである。日本の赤ん坊(武林無想庵・文子夫妻の娘・イヴォンヌである)に久しぶりに触れ、自分も孫を持ってみたいと思い、それを実現した。日本に戻ってからの生活は「隠居」という消極的なものではなく、まさに彼女自身の望んだ、第二の人生だったのだろう。

この人のように自分は生きられるだろうかと、何度も花子の立場に身を置いて考えてみた。

恐らく、勇気を出してコペンハーゲンにまでは行くだろう。ただ、アントワープでたった独り残れるだろうか。そこで覚悟さえ決められれば、芝居の一座に加わり、座長になるのも、なんとかなるかもしれない。ロダンのモデルも、自分で構わないというならやろう。ただ、スタニスラフスキーの実演依頼だけは、絶対無理だ、となってしまう。とんでもございません、と辞退して、スタジオの見学だけさせてもらって帰ることになるだろう――。

能天気な空想はいつもここで終わってしまうが、花子はこの実演も成功させ、ロンドンで長期にわたって活躍して『フーズ・フー』に名を残し、日本料理店の経営までおこない、その次の願いとして、日本で家族を持つのである。まさに一人で何人分もの人生を生きたような、パワフルな女性である。

そんな花子との出会いは、今からかれこれ二〇年ほど前のことになるだろうか。宮岡謙二氏の『異国遍路 旅芸人始末書』という本をたまたま手に取り、「花子という役者は詳しく調べあげれば、一つのおもしろい伝奇物語が書けそう」だという一文を目にし、「それでは自分がそれをやろう」と思ったことを鮮明に覚えている。

研究書というよりも、本書のような形にまとめることにしたのも、この最初の出会いによる。「伝奇物語」が頭から離れなかったのである。花子一座の詳細な興行の記録を作成することや、川上音二郎・貞奴一座との違いを明らかにすること、当時の国際的な興行会社について調べることなど、課題は山積みであるが、今後一つずつ取り組んでいくことにしたい。

花子の調査を始めた当初から、多大なるお力添えをいただいている澤田助太郎・正子ご夫妻には、心よりお礼申し上げる。論創社との縁を結んでくださった成城大学名誉教授の毛利三彌先生と、編集をご担当くださった森下雄二郎氏にも、厚くお礼申し上げたい。また、資料閲覧および写真の掲載をご許可下さった諸機関、職場や、日本演劇学会および日本近代演劇史研究会での発表において、貴重なご意見・ご指摘を賜った諸先生方にもお礼申し上げる。家族や、ここではお名前を挙げきれない、多くの方々の励ましや助けにより、出すことのできた本であることも忘れずにおきたい。

みなさま、本当にありがとうございました。

二〇二一年四月

根岸理子

主な参考文献

書籍

・澤田助太郎『プチト・アナコ——小さい花子』、中日出版社、一九八三年
・澤田助太郎『ロダンと花子』、中日出版社、一九九六年
・資延 勲『ロダンと花子——ヨーロッパを翔けた日本人女優の知られざる生涯』、文芸社、二〇〇五年
・宮岡謙二『異国遍路 旅芸人始末書』、中央公論社（中公文庫）、一九七八年
・サン・キョン・リー『東西演劇の出合い——能、歌舞伎の西洋演劇への影響』、西 一祥監修、田中徳一訳、新読書社、一九九三年
・倉田喜弘『海外公演事始』、東京書籍、一九九四年
・毛利三彌『東西演劇の比較』、新訂、放送大学教育振興会、一九九四年
・河竹登志夫『近代演劇の展開』、日本放送出版協会、一九八五年（初版一九八二年）
・平川祐弘『和魂洋才の系譜——内と外からの明治日本』、河出書房新社、一九八七年
・高村光太郎訳『ロダンの言葉抄』、岩波書店（岩波文庫）、二〇〇二年（初版一九六〇年）
・山本夏彦『無想庵物語』、文藝春秋（文春文庫）、一九九三年
・スタニスラフスキー『芸術におけるわが生涯』上巻、蔵原惟人・江川 卓訳、岩波書店（岩波文庫）、二〇〇八年
・スタニスラフスキー『芸術におけるわが生涯』中巻、蔵原惟人・江川 卓訳、岩波書店（岩波文庫）、

二〇〇八年
・スタニスラフスキー『芸術におけるわが生涯』下巻、蔵原惟人・江川 卓訳、岩波書店（岩波文庫）、二〇〇八年
・武田 清『新劇とロシア演劇――築地小劇場の異文化接触』、而立書房、二〇一二年
・ドナルド・キーン『日本の作家』、中央公論社、一九九〇年（初版一九七二年）
・井上理恵『川上音二郎と貞奴 Ⅱ 世界を巡演する』社会評論社、二〇一五年
・レズリー・ダウナー『マダム貞奴 世界に舞った芸者』、木村英明訳、集英社、二〇〇七年
・山口玲子『女優貞奴』、朝日新聞社（朝日文庫）、一九九三年
・田中徳一『筒井徳二郎 知られざる剣劇役者の記録』、彩流社、二〇一三年
・Erika Fischer-Lichte, *The Show and the Gaze of Theatre: A European Perspective*, University of Iowa Press, 1997.
・Loie Fuller, *Fifteen Years of A Dancer's Life*, Small, Maynard & Company Publishers., 1913.
・Richard Nelson Current and Marcia Ewing Current, *Loie Fuller: Goddess of Light*, Northeastern University Press, 1997.
・Jean Benedetti, *Stanislavski: A Biography*, Methuen Drama, 1990.
・Marie-Pierre Delclaux and others, *The Little Book of Rodin*, Susan Pickford (trans.), Flammarion, 2002.
・*Who's Who in the Theatre*, compiled and edited by John Parker, Sir Isaac Pitman & Sons, Ltd. 1916.

雑誌

・太田花子「芸者で洋行し女優で帰る迄の廿年」、『新日本』、一九一七年一月号
・太田花子「貴族と女優との握手」、『新日本』、一九一七年六月号
・坂内徳明・亀山郁夫「ロシアの花子」、『共同研究 日本とロシア』、早稲田大学文学部 安井亮平研究室、一九八七年
・Donald Keene, 'Hanako', *New Japan*, Vol. 14, 1962.
・Edward Gordon Craig, 'Kingship. Some Thoughts Concerning Hanako the Actress: Japan: India: Friendship and the King', *The Mask*, Vol. 6, No.3, 1914.
・*Asian Theatre Journal*, Vol. 5, No.1, 1988.

本書は、二〇一七～二〇二一年度科学研究費補助金・基盤研究（C）「演劇におけるジャポニズム―海外巡業劇団の伝えた「日本」―」（課題番号17K02349）による成果の一部です。

根岸理子（ねぎし たかこ）
ロンドン大学SOAS（School of Oriental and African Studies ）大学院博士課程修了。PhD。現在、東京大学教養学部LAP特任研究員。専門は近代日本演劇。
論文・著書：「マダム花子—『日本』を伝えた国際女優—」（『演劇学論集』第53号、2011年11月）、『井上ひさしの演劇』（共著、翰林書房、2012年）、『演劇のジャポニスム』（共著、森話社、2017年）、『革命伝説・宮本研の劇世界』（共著、社会評論社、2017年）、『漱石辞典』（共著、翰林書房、2017年）他。

マダム花子

2021年　6月 1日　初版第1刷印刷
2021年　6月10日　初版第1刷発行

著　者　根岸理子
発行者　森下紀夫
発行所　論 創 社

東京都千代田区神田神保町 2-23　北井ビル
電話 03（3264）5254　振替口座 00160-1-155266

装幀／宗利淳一
印刷・製本／中央精版印刷　　組版／ポリセント

ISBN978-4-8460-1898-6